内蒙古自治区教育科学"十四五"规划 2023 年度课题（批准号：NZJGH2023188）研究成果
内蒙古民族幼儿师范高等专科学校高层次引进人才专项课题（批准号：GYZX202301）研究成果
内蒙古自治区教育厅"党的二十大精神研究"哲学社会科学重大专项课题（批准号：ESDZX202320）研究成果

# 强化学前教育普惠发展长效机制研究

史 磊 刘军伟 吴福林 高 苗 著

吉林出版集团股份有限公司
全国百佳图书出版单位

图书在版编目（CIP）数据

强化学前教育普惠发展长效机制研究 / 史磊等
著. -- 长春：吉林出版集团股份有限公司，2024.1
ISBN 978-7-5731-4463-8

Ⅰ.①强… Ⅱ.①史… Ⅲ.①学前教育－教育研究
Ⅳ.①G61

中国国家版本馆CIP数据核字(2023)第234096号

QIANGHUA XUEQIAN JIAOYU PUHUI FAZHAN CHANGXIAO JIZHI YANJIU
## 强化学前教育普惠发展长效机制研究

| 著　　者 | 史　磊　刘军伟　吴福林　高　苗 |
|---|---|
| 责任编辑 | 杨　爽 |
| 装帧设计 | 孟　博 |

| 出　　版 | 吉林出版集团股份有限公司 |
|---|---|
| 发　　行 | 吉林出版集团社科图书有限公司 |
| 地　　址 | 吉林省长春市南关区福祉大路5788号　邮编：130118 |
| 印　　刷 | 唐山富达印务有限公司 |
| 电　　话 | 0431-81629711（总编办） |
| 抖 音 号 | 吉林出版集团社科图书有限公司　37009026326 |

| 开　　本 | 787 mm×1092 mm　1 / 16 |
|---|---|
| 印　　张 | 11.5 |
| 字　　数 | 200千 |
| 版　　次 | 2024年1月第1版 |
| 印　　次 | 2024年1月第1次印刷 |

| 书　　号 | ISBN 978-7-5731-4463-8 |
|---|---|
| 定　　价 | 58.00元 |

如有印装质量问题，请与市场营销中心联系调换。0431-81629729

# 前言 Preface

人生百年，始于幼学。教育大业，立于学前。作为终身学习的开端，学前教育关系千家万户，是国计，更是民生。党和人民政府始终高度关切学前教育事业，特别是从2012年开始编制并实施学前教育三年行动计划，逐步落实建设任务，学前教育毛入园率得以逐年提高，有效缓解了"入园难"问题，同时也更加清晰地明确了学前教育的发展目标。此后，随着《中共中央 国务院关于学前教育深化改革规范发展的若干意见》（2018年）、《县域学前教育及普惠督导评估办法》（2020年）、《"十四五"学前教育发展提升行动计划》（2021年）等指导文件的颁布与实施，学前教育普惠资源进一步增加，普惠性幼儿园占全国幼儿园的比例逐年提高，学前教育普惠发展取得了卓有成效的良好局面。

近年来，学前教育普惠发展的中文学术关注度不断上升，"普惠性""普惠政策""普惠水平"等问题逐渐成为学界的重要议题，相关研究围绕学前教育普惠发展价值链中的政府、幼儿园、家庭三者展开，内容主要有：第一，普惠性学前教育与普惠性幼儿园的内涵及特征研究。准确地认识学前教育普惠发展的内涵与特征，有益于科学定位政策价值，合理提出政策建议，研究中出现的高频关键词有普惠性、公益性、教育质量、教育公平等；第二，学前教育普惠发展制度建设研究。学前教育普惠发展政策得以落地实施的基本保障是科学的制度建设，研究中出现的高频关键词是普惠性学前教育和公共服务体系；第三，学前教育普惠发展质量研究。提供有质量的教育是学前教育普惠发展的要旨所在，也是学前教育普惠发展成功与否的关键因素；第四，学前教育普惠发展路径研究。在政策和实践的双重推动下，学术界不断探索学前教育普惠发展的有效路径，提出了多元化和学理化的建议与思路。

通过对文献资料的爬梳和分析，可以发现目前国内外学者的研究趋势将主要集中在两个方面：第一，质量是学前教育普惠发展的重要目标，强化学前教育普惠发展应当坚持内涵式发展的道路；第二，学前教育普惠发展是促进教育公平和区域协调发展的价值选择和实践选择，为强化学前教育普惠发展，应当尽快建构切实有效的长效机制。

强化学前教育普惠发展内涵特质的主要表征是普及性、惠民性、优质性。普及性是指在任何收入及受教育水平人群所处的地区都应合理分配学前教育资源，使普惠学前教育普及至国内各地区。同时，还要科学处理好学前教育普惠发展过程中公共资源配置与市场化发展的关系，各地政府要结合地方教育资源及财政能力合理安排整体发展工作的规划，尝试从原有的学前教育模式结构中探寻符合普惠性发展的延续合作方，在保障惠及地方经济发展的基础上，为当地适龄儿童构建便利、费用合理的学前教育服务；惠民性是指关注弱势群体对学前教育的享受程度，在保障实施结果公平性的基础上，尽可能保证弱势群体优先；优质性关联教育机构环境建设、设备配备、教学人员选用、教学质量等工作，为保质保量地完成普惠发展，地方政府应综合考量本地学前教育资源，依照优质性内涵关联的各项标准，合理开展适宜本地教育工作的探索及规划。

本书按照兼顾短期需求和长远发展、统筹数量持续增长和质量稳步提升、促进教育公平和区域协调发展的研究策略，旨在建构强化学前教育普惠发展的长效机制，切实解决"入园难""入园贵"这一实践难题。全书分为六章，分别从强化学前教育普惠发展的政策沿革、强化学前教育普惠发展的研究现状、强化学前教育普惠发展的实践与经验、强化学前教育普惠发展的内涵探析、强化学前教育普惠发展长效机制建构的学理审思、强化学前教育普惠发展长效机制的体系建构六个方面展开论述，细致地梳理了强化学前教育普惠发展的政策沿革、研究现状、实践经验和概念内涵，深入地探析了强化学前教育普惠发展长效机制建构的学理基础，最后提出了解决问题的有效路径。本书科学地阐释了强化学前教育普惠发展相关概念的内涵与特征，有效地解决了强化学前教育普惠发展的动力问题，并且基于强化学前教育普惠发展的全过程视角，为满足弱势群体家庭的学前教育诉求，科学合理地建构了需求侧长效机制，既有助于提升教育决策的科学化水平，也有助于提升学术界关于教育公平和区域协调发展的解释力。

本书的出版得到内蒙古自治区教育科学"十四五"规划2023年度课题（批准号：NZJGH2023188）研究成果、内蒙古民族幼儿师范高等专科学校高层次引进人才专项课题（批准号：GYZX202301）研究成果和内蒙古自治区教育厅"党的二十大精神研究"哲学社会科学重大专项课题（批准号：ESDZX202320）研究成果的资助，在此深表谢忱。

由于作者学力有限，相关问题的思考与研究尚待进一步晓熟，本书研究存在挂一漏万、理过其辞、单文孤证等诸多不足之处，恳请各位读者批评指正，以匡不逮。

# 目录 Contents

**第一章　强化学前教育普惠发展的政策沿革** ...... 1

　第一节　建构普惠发展：社会主义革命和建设时期的学前教育政策
　　　　　（1949—1978） ...... 1

　第二节　解构普惠发展：改革开放和社会主义现代化建设新时期的
　　　　　学前教育政策（1978—2012） ...... 2

　第三节　重构普惠发展：中国特色社会主义新时代的学前教育政策
　　　　　（2012—2022） ...... 5

　第四节　学前教育政策演进的逻辑 ...... 8

　第五节　学前教育普惠发展的理念 ...... 10

**第二章　强化学前教育普惠发展的研究现状** ...... 14

　第一节　学前教育普惠政策研究现状 ...... 14

　第二节　农村普惠性学前教育研究现状 ...... 20

　第三节　普惠性学前教育公共服务体系研究现状 ...... 30

　第四节　普惠性幼儿园成本分担机制研究现状 ...... 38

**第三章　强化学前教育普惠发展的实践与经验** ...... 51

　第一节　新时代学前教育普惠发展现状 ...... 51

　第二节　国内外典型案例与有益启示 ...... 58

　第三节　存在的问题与应对策略 ...... 67

**第四章　强化学前教育普惠发展的内涵探析** ...... 77

　第一节　普及性 ...... 77

　第二节　惠民性 ...... 83

第三节　惠济性·················································································88
　　第四节　优质性·················································································94

第五章　强化学前教育普惠发展长效机制建构的学理审思·················101
　　第一节　建构原则···········································································101

第六章　强化学前教育普惠发展长效机制的体系建构·······················124
　　第一节　建构的重点、难点与切入点············································124
　　第二节　建构路径···········································································145

参考文献·······························································································171

# 第一章 强化学前教育普惠发展的政策沿革

## 第一节 建构普惠发展：社会主义革命和建设时期的学前教育政策（1949—1978）

学前教育政策的发展和变化是决定学前教育质量的关键因素，可以真正提升学前教育的服务水平，进一步规范办学行为，健全学前教育管理制度和保障机制及督导评价制度，促进学前教育科学发展。在新中国成立初期，就开始针对学前教育发展构建普惠性教育模式。

1949年新中国成立，国家开始全面建设社会主义。虽然新中国成立初期我国还没有形成完整的社会保障体系，但党和国家开始注重对学前教育事业的规划和引导。1954年9月20日，中华人民共和国第一届全国人民代表大会第一次会议通过了《中华人民共和国宪法》，并规定"中华人民共和国公民有受教育的权利"。

1951年10月，政务院颁布的新中国第一个学制文件《关于改革学制的决定》，明确规定实施幼儿教育的组织为幼儿园招收三足岁到七足岁的幼儿，使他们的身心在入小学前获得健全的发育。该文件确立了学前教育在学制上的基础地位。

1952年3月，教育部颁布《幼儿园暂行规程（草案）》明确规定幼儿园的功能，为学前教育发展指明方向，颁布的《幼儿园暂行教学纲要（草案）》对不同年龄组幼儿的年龄特点和教育要点作了阐述和规定。

1956年开始，以毛泽东为核心的党和国家领导人高度重视幼儿园建设和学前教育事业发展。为了保障适龄儿童能接受系统而科学的学前教育，党和国家提出了一系列促进我国学前教育发展的政策措施：在农村地区普遍建立公办幼儿园、在城市积极推行集体办园，政府鼓励社会力量举办或与其他力量合作等方式成立幼儿园，要求各地积极组织学前教育教师培训。

## 第二节 解构普惠发展：改革开放和社会主义现代化建设新时期的学前教育政策（1978—2012）

### 一、学前教育政策的范围进一步拓展

1979—2017年，学前教育政策的范围进一步发展，让学前教育范围不断扩大，由原来的公立幼儿园逐渐扩展到私立幼儿园。学前教育政策的研究视角也在发生变化，由过去强调"发展"转变为同"发展"并重。从政策主体来看，学前教育政策的主体更加多元化，其中主要包括中央政府、地方政府和公立幼儿园，从政策内容来看，除了学前教育相关文件、规定外，还包括国家层面的立法、行业标准，比如《幼儿园管理条例》；地方层面的规范与保障措施，比如《关于扶持和规范普惠性民办幼儿园发展的指导意见》。从政策目标来看，学前教育政策涉及教育公平和社会公平问题。其中，涉及的重点领域主要包括学前教育立法、财政投入、教师队伍建设以及家长权益保障等方面，而在学前教育政策中，还有一些内容涉及对公办园办学条件的支持以及对民办园办学条件、收费的规范，这些政策文件在促进学前教育公平、实现社会公平上发挥了重要作用。

### 二、新时期学前教育政策发展轨迹

进入新时期，我国面临着人口增长的压力、经济体制改革以及社会结构转型等挑战，为促进教育公平、缩小教育差距，国家对学前教育的重视程度进一步提高。

1995年《中华人民共和国教育法》颁布实施后，我国对学前教育的重视程度进一步提高。"保障适龄儿童接受学前教育的权利"成为学前教育政策中最重要的内容之一。为保障学前教育可持续多元化发展，结合新时期我国社会发

展实际情况，在政策调整上，结合不同方向不断进行优化。在新时期，学前教育作为教育体系的重要组成部分受到高度重视，其地位和作用日益凸显，党和国家出台了一系列推动学前教育发展的政策文件和措施。

### 三、解构普惠发展多方向政策共同推进

#### （一）扩大覆盖面，确保每个适龄儿童都能接受到适合的学前教育

1993年，《中国教育改革和发展纲要（1993—2000年）》明确提出了"两步走"战略：第一步是要实现到2010年使所有适龄儿童都能接受到有质量的学前教育；第二步是从2010年开始对城镇地区实行公办幼儿园与民办幼儿园同时收生制度；2010年后要进一步加大财政投入力度，增加公办园数量及民办园数量。

#### （二）规范办学，为所有适龄儿童提供公平、优质的学前教育

1978年以来，我国颁布了一系列学前教育政策，并在政策扶持下不断建立基础教育体系，从学前教育到小学、中学创设具有统一规范性的教育体系框架，为所有适龄儿童提供公平、优质的学前教育。其中，重点体现在不断扩大和发展公办幼儿园和普惠性民办幼儿园。1984年，《国务院关于基础教育改革和发展办法》指出："各级政府必须把普及学前教育放在重要位置。要有计划地发展公办幼儿园，特别是普惠性幼儿园。"这是新中国成立以来，我国对幼儿教育发展的第一个明确定位。1989年，国家颁布了《城市幼儿园管理暂行办法》，要求各地在贯彻执行国家有关法律法规的同时，结合本地实际情况制定切实可行的办法和措施，强调加强幼儿园建设的重要性，明确规定民办幼儿园必须与公办幼儿园实行同样政策，由政府提供经费保障和优惠条件，要求各级政府对办园行为实行经常性检查制度及责任追究制度等。

#### （三）加强管理，为幼儿园提供必要装备

1984年，中共中央转发了《中国儿童事业发展纲要（试行）》，要求各级

政府加强对幼儿园工作的领导，建立健全幼儿教育机构的管理制度和各项规章制度，把学前教育纳入社会发展计划。随后，国务院办公厅下发了《关于加强幼儿园管理意见的通知》等文件，对幼儿园管理工作进行了一系列重大部署。为加强对学前教育机构和教师的管理，1990年10月，教育部印发了《幼儿园工作规程（试行）》，规定了各级各类幼儿园的性质、任务和园舍设施要求，并明确指出："幼儿园是幼儿教育机构中的一种。它是由具备一定资质、从事相应专业活动的人员组成。"2010年10月，印发了《教育部直属高校分类设置基本标准（试行）》，要求在办学体制上实行公办民办并举、以公办为主体和政府支持政策相结合的办学机制；在学校管理上实行政府管理与学校自主办学相结合的办学机制；在教育教学改革上鼓励高校开展多种形式创新教育教学方法。

**（四）提高质量，加强师资队伍建设**

《国务院关于当前发展学前教育的若干意见》提出："要切实加强幼儿园教师队伍建设，加快培养大批合格的幼儿教师，特别是加强园长和教师的培养，加强幼儿园园所建设。"《关于在全国建立健全幼儿教师培训制度若干意见》提出："要坚持分类指导，以县为单位对农村和贫困地区幼儿园教师培训进行整体设计，科学合理地安排培训计划，采取多种形式并实施大规模轮训。要建立完善幼儿园教师全员培训制度，加大财政投入力度。"学前教育事业发展不仅需要建设一大批坚实安全的幼儿园，更需要建设一支师德高尚、业务精良的幼儿园教师队伍。实现"基本普及"的战略目标，满足人民群众对学前教育的热切需求，不仅意味着入园率的提高，学前教育质量的提升更为重要，其中的关键与核心是教师队伍专业水平的提升。《幼儿园教师专业标准》和《新时代幼儿园教师职业行为十项准则》是在我国学前教育事业发展需要和幼儿园教师专业发展趋势的共同推动下研究制定的。为此，在解构普惠发展新时期阶段，加强幼儿园教师队伍建设是教育系统的一项重要任务，应加大幼师培养改革力度，大力培养农村幼教教师、幼儿师范毕业生以及其他高素质幼师人才，建立健全科学合理的幼师准入制度。

## 第三节　重构普惠发展：中国特色社会主义新时代的学前教育政策（2012—2022）

政策文件数量持续增加，从发布的类型来看，数量从最初的单一类型逐渐向多类型转变。改革开放以来，我国学前教育不断受到社会与教育部门的重视，并取得了跨越式发展，学前教育规模迅速增加，普及程度快速提高。但在学前教育规模快速扩张的同时，在学前教育整体管理体制上，依然面临较多的问题需要解决。比如学前教育质量没有达到预期目标、管理体系和制度存在缺失、学前教育经费投入渠道较少等问题。因此，制定科学的督导评估标准和办法、全面开展幼儿园督导评估、监督和引导幼儿园规范办园，提高保育和教育质量是十分必要和紧迫的。依据《教育督导条例》，国务院教育督导委员会办公室印发了《幼儿园办园行为督导评估办法》，意在推动各地加强和改进对幼儿园的管理，促进幼儿园规范办园行为，保障幼儿身心健康、快乐成长并强调依法办园和规范办园。

随着《中共中央国务院关于深化教育改革全面推进素质教育的决定》颁布实施，我国于2017年10月开始实行"两为主"的学前教育管理体制，指"以政府为主导，坚持公益性、普惠性"的办园方向。"以省为单位对全国学前教育工作者进行系统培训""以县为单位建立公办幼儿园和扶持民办幼儿园"，该管理体制的实施使政府在学前教育事业中的投入比例不断增加，但仍存在着投入不均衡、结构不合理等问题。

为更好地解决这一问题，2017年4月17日，国务院发布《关于实施第三期学前教育行动计划的意见》[1]，明确提出"将学前三年教育纳入财政保障范围，建立政府主导、社会参与和支持的办园体制"。颁布后，全国各地纷纷响应制定相关政策措施，积极推进学前教育发展，并于2019年1月9日发布《国务院

---

[1] 徐艳贞，黄茂勇.我国普惠性学前教育政策的演进脉络与发展特征——基于2010—2019年相关政策文本的分析[J].教育探索，2020（08）：25-30.

办公厅关于开展城镇小区配套幼儿园治理工作的通知》要求：各地要对小区配套幼儿园进行排查摸底和整改工作；对于没有达到办园条件、安全隐患突出、群众反响强烈的幼儿园要坚决予以取缔或限期整改；需要保留的要坚持公益性属性和普惠性原则。全国各地纷纷发布配套政策并实施，全国31个省（区、市）均出台公办幼儿园建设条例或标准实施意见等配套政策，完成"三项清单"任务。

## 一、新时代学前教育机构发展概况

党的十八大以来，我国学前教育发展进入了新的历史时期。随着中国特色社会主义建设步入新时代，习近平总书记始终把重点放在促进学前教育健康发展上，并持续加强对学前教育的投入与扶持。2017年10月，党的十九大胜利召开。在新时代背景下，学前教育作为我国教育改革发展的重要组成部分，已经成为基础教育不可缺失的一环，并进入到改革的发展时期。2017年，全国各级各类幼儿园20.97万所，在园幼儿4 715.45万人，教职工109.89万人。其中，小学附属幼儿园21.87万所、小学附设幼儿园9.41万所，各级各类幼儿园中公办园比例达90.1%。

## 二、新时代学前教育加大财政投入力度

在新时代学前教育发展时期，为完善学前教育经费保障机制，逐渐加大中央和地方财政对学前教育的投入，并优化投入机制，提高学前教育的补款水平，拓展补款方向。落实公办幼儿园生均财政拨款标准及相关补贴办法，支持各地通过公办民办并举、扩大普惠性资源、增加普惠性服务供给等方式，不断提高保教质量。同时完善政府投入机制，提高公办幼儿园的幼儿占比，目标要达到50%以上，并扩大地方政府教育支出责任分担试点范围。做到多渠道、多元化、多方向地筹措学前教育发展资金，以政府投入为主、社会捐助为辅，鼓励和引导民间资本投向幼儿园建设，多渠道解决城镇居住区配套幼儿园建设不足问题。可以说，在新时代背景下，为进一步加大学前教育财政投入力度：一要不断扩大优质普惠性学前教育资源投入；二要持续提高各级财政支持和保障，提升机

制力度；三要建立完善学前教育成本分担机制。

### 三、新时代学前教育改革教师编制和保障机制

新时代学前教育改革要不断建立健全幼儿园教师编制保障机制，逐步实现公办幼儿园教职工编制省级统筹。2018年11月7日，印发的《中共中央国务院关于学前教育深化改革规范发展的若干意见》中强调："要全面加强师德师风建设，引导教师以德立身、以德立学、以德宏法。"要把师德师风作为评价教师队伍素质的首要标准。重构普惠发展，在学前教育改革中建立教师编制的"动态"管理机制[①]。随着学前教育改革的深入，幼儿园从数量扩张向内涵发展转变，教师的需求量也在增长。由于当前幼儿教师编制总量不足、结构不合理及质量保障机制没有完全建立，造成学前教育师资结构性短缺、流动性过强，制约了学前教育质量的提升和教育改革的深入发展。因此，需要进一步加大"特岗计划"等专项师资培养计划的实施力度，提高教师整体素质。

**（一）要提高乡村教师待遇水平**

在农村地区实施免费师范生政策后，乡村教师数量增加较快，但相对于城市幼儿师资需求来讲明显不足。一方面，需要国家和地方政府增加财政投入和支持力度；另一方面，要进一步加强高校对农村地区幼儿师范专业人才的培养力度。

**（二）要不断完善幼儿教师编制动态管理机制**

根据学前教育改革对幼儿教师的数量要求与质量要求，调整相应编制数量及配置结构；根据幼儿园规模、发展速度与质量状况，合理核定幼儿园教职工人数；根据当地经济社会发展水平、城乡人口流动状况等动态，调整乡村幼儿园教职工人数和比例。

---

① 徐艳贞，黄茂勇.我国普惠性学前教育政策的演进脉络与发展特征——基于2010—2019年相关政策文本的分析[J].教育探索，2020（08）：25-30.

### （三）要加大农村地区学前教育专业人才培养力度

从根本上解决好"入编"与"培训"之间不协调、不匹配问题。要按照《国务院关于当前发展学前教育的若干意见》要求制订相应的培养计划和实施方案，加强对学前教育管理人员和专业师资的培训，根据乡村学前教育办学实际需求完善乡村幼师培养体系；通过实施"国培计划""省培计划"等培训项目，加大对农村地区一线优秀幼儿教师的培训力度。

### （四）要加强幼儿教师队伍建设工作，健全幼儿教师评价和考核制度

2020年，《深化新时代教育评价改革总体方案》中提出，要改革教师评价体系，推进践行教书育人的使命，坚持把师德师风作为第一标准，突出教育教学实绩。建立聚焦保教过程质量的评价指标体系，突出在保教实施过程中，对教职工的观念和行为的专业判断进行评价，重点关注教师在活动组织、师幼互动、家园共育等方面的专业素质和保教水平。幼儿园教师队伍建设是有效提升学前教育质量、促进儿童健康发展的决定性因素。

## 第四节 学前教育政策演进的逻辑

我国学前教育政策的演变与其他国家基本一致，主要经历了三个阶段：保教并重——普惠发展——分类规范办园。一是从保教并重到普惠发展，即把保教作为发展的核心，把发展普惠幼儿园作为目标；二是从普惠发展到分类规范办园，即重视并强调公办幼儿园的建设与提升；三是分类规范办园，国家对不同类型的幼儿园给予不同的政策支持。我国学前教育政策从注重发展公办幼儿园到普惠园、优质园和优质民办幼儿园的"三优"并举，从重视"幼有所育"向"幼有优育"转变。

在这三个阶段中，都强调政府、家庭、社会等多方面力量共同促进学前教育发展，为学前教育可持续发展提供了保障。但是，学前教育的发展仍然存在

着一些问题,所以国家对政策的不断完善也是必然趋势。

### 一、学前教育政策演进面临的问题

普惠性学前教育政策演进的逻辑是其政策的价值取向、内在逻辑和实践路径,目标在于将基本公共服务由"有学上"转变为"上好学",提升儿童的生活质量和教育水平。但现实中,普惠性学前教育政策存在以下问题:一是发展不均衡,即不同地区、不同类型幼儿园发展的状况存在较大差异;二是内容不均衡,即在政策的制定过程中,并没有形成较为完整且系统的内容体系;三是类型不均衡,即在普惠性学前教育政策体系中,没有形成较为全面和统一的模式。因此,阐述从政策演进视角切入普惠性学前教育政策演进过程中出现的问题,在归纳和梳理的基础上,对普惠型幼儿园的发展进行分析,并对今后发展进行展望,提高未来普惠性学前教育的可持续性。

### 二、政策重点

《国务院关于当前发展学前教育的若干意见》中明确指出:"把发展公益性学前教育摆在更加突出的位置,加大财政投入,全面提高办园水平。""加强农村幼儿园建设,逐步提高农村幼儿园的保教质量和水平,加快发展民办幼儿园。""加强农村幼儿园建设,努力扩大普惠性资源,着力解决'入园难'问题。""积极引导社会力量兴办幼儿园;加大财政投入,完善经费保障机制。""健全公办民办并举的办园体制,充分发挥公办园公益性质的引领作用,扩大普惠性资源。"

《国务院关于当前发展学前教育的若干意见》(国发〔2010〕49号)指出:"把发展重点放在乡镇中心幼儿园和村小附设幼儿园上。""加强农村学前教育机构建设,逐步提高县(市、区)幼儿园数和学前三年教育毛入园率。"

### 三、政策目标的实现

普惠性是指所有适龄儿童都能接受教育,在《中华人民共和国国民经济和社会发展第十三个五年规划纲要》中提出,到2020年实现普及普惠的总体目标。

其中，提高幼儿园的总入园率，使公立幼儿园的总人数达到50%以上，普通幼儿园的覆盖率达80%，这就意味着到2020年实现普及普惠。因此，要做到办园质量和水平持续提升，着重加强师资团队力量的建设，提高学前教育教师的待遇，且要保障园区安全与卫生管理，实现学前教育儿童核心素养全面发展。同时，在这个时期，还要提高儿童学前教育服务水平，学前教育普及率达到95%以上，并改善社会办园条件，使幼儿园在园幼儿数占比达到70%以上。

### 四、政策工具

政策工具是指为实现一定政策目标而运用的手段和工具，主要包括行政手段、法律手段和经济手段等。具体来说，学前教育的政策工具主要包括：财政转移支付；国家发展学前教育专项资金；社会捐助等公共服务；公办幼儿园资金；财政补贴、税收优惠；教育质量提升资金及其他专项经费等。

## 第五节 学前教育普惠发展的理念

党的十八大以来，我国学前教育政策正在由"保基本"转向"保优质"，是"幼有所育"理念在学前教育发展中的具体体现。《中共中央国务院关于学前教育深化改革规范发展的若干意见》提出："加快建立以普惠性资源为主体的办园体系，推进公办、民办并举，扶持和规范私人等社会力量开办幼儿园。"学前教育普惠发展的理念是国家战略，体现了国家政策大力支持学前教育。作为公办幼儿园，有责任、有义务为民办幼儿园，提供优质的教育服务，在学前教育普惠发展过程中发挥着不可替代的作用，更要在办好人民满意的学前教育上发挥应有的作用。因此，要积极推进普惠性幼儿园建设，不断满足广大人民群众对学前教育的需求。

### 一、加强财政投入

学前教育普惠发展的理念是我国学前教育发展的方向，也是实现普惠发展的重要保障。但在实际工作中，我国学前教育仍存在一些问题和困难。比如普惠性幼儿园覆盖率低、"入园难""入园贵"等问题突出。为此，必须在加强政府统筹规划、健全政策保障体系的基础上，利用多种筹资方式，构建幼儿园费用分摊和多方参与的制度。同时，还要积极统筹社会力量，加强资金的投资与扶持，鼓励发展多种形式的普惠性幼儿园。

在加强财政投入实施与落实阶段，需要充分发挥政府的引导性，通过各项措施激励社会组织建设幼儿园机构，满足人民群众入园需求，充分利用闲置国有资产以及小区配套资源等条件创办普惠性幼儿园，加强对普惠性私立幼儿园的支持，尽快建立覆盖城乡、布局合理、结构优化、质量优良的多层次公办幼儿园和民办幼儿园。利用财政的投入增加教育经费，逐步扩大财政教育经费补贴范围，加大对普惠性公办幼儿园、民办幼儿园生均公用经费支持力度。同时，将普惠性幼儿园纳入城乡义务教育一休化发展示范区和学前教育改革发展实验区建设，在资金方面加大对乡村公办幼儿园扶持力度，推动公办幼儿园向农村延伸覆盖。鼓励有条件地区探索实行政府购买学前教育服务措施，支持民办幼儿园优先取得合法办学权及举办者依法自主选择办学人，支持各地制定出台学前教育机构管理办法等相关政策法规及配套文件，建立健全符合当地实际的学前教育管理体制和运行机制。

## 二、强化师资队伍

幼儿园教师队伍建设是有效提升学前教育质量、促进儿童健康发展的决定性因素。在学前教育普惠发展的理念中，幼儿园教师也是重要的发展组成部分，幼师是教育活动的实施者，是儿童认识世界、参与社会、认知自我的重要教育者，也是促进儿童发展不可缺少的重要力量。因此，幼儿园教师职业素养直接影响到幼儿健康成长。在幼儿园落实管理工作环节中，教帅专业素养与职业德育观直接影响幼儿的身心发展，也间接影响保教工作成效。为了让每位幼儿教师更好地胜任自己所从事的工作，在不断完善自身素质的同时，要积极开展各项专业培训活动。通过学习和实践相结合、理论与实践相结合、培训与教育相结合等多种方式提升教师专业素养，不断完善自我形象。为了让每位幼儿在入园后都能健康快乐成长，应积极开展丰富多样的校园活动，并为提升教师专业技能水平搭建学习平台。幼儿园教师要充分了解幼儿与家长想法的差异性，从幼儿和家长身上找到一些共同点来拉近彼此之间的距离，并在这个过程中，增进教师和幼儿之间的感情，加强教师、幼儿、家长间的沟通交流。为了促进学前教育教师专业水平的不断发展，在教育培训模式上要以多种形式的培训活动为基础，使教师的综合素质得到全面提高。培训内容应丰富多样，既有专题培训又有现场观摩及互动交流，既注重教师的个体提升又注重集体学习与交流，不断吸收新信息，开阔眼界、启迪思维、活跃思维。通过培训使大家的思想观念得到更新、理论知识得到充实、教学方法得到改善，从而进一步提高教师队伍素质。面对新时代普及普惠、安全、优质的学前教育发展新征程和新阶段，应加快推动建设一支师德高尚、业务精湛的高素质、善保教的专业化幼师队伍，为发展更高质量、更加公平的学前教育提供强有力的师资保障和人才支撑。

### 三、提升政治思想

学前教育普惠发展理念的政治思想，体现了中国特色社会主义的国家属性，是国家发展战略的组成部分。普惠作为学前教育事业发展的目标，是实现学前教育健康可持续发展的保障。

新时代背景下，人民对美好生活的向往和追求更加迫切，教育公平与教学质量成为社会高度关注并达成的共识。在这样的历史背景下，普惠发展理念就具有了鲜明的时代特征。

首先，作为建设社会主义现代化强国和实现中华民族伟大复兴中国梦的重要组成部分，党和国家实施学前教育战略部署，所蕴含的时代内涵和政策价值十分突出。普惠性学前教育是指让所有适龄儿童能够上得起学、上好学，其发展理念是指在经济欠发达地区、少数民族及边远农村地区为实现基本普及目标而进行的幼儿园建设与发展所需要遵循的普惠性原则。其次，普惠发展理念体现了我国以人民为中心的发展思想，是践行习近平新时代中国特色社会主义思想和关于教育工作重要论述。最后，普惠发展理念与实现人们在全面发展、共同富裕的目标相一致，既具有深厚而深远的理论意义和实践价值，又蕴含着丰富而深邃的政治思想。

"普惠"作为我国社会主义制度优越性的重要体现，表现为实现了"全民所有"和"公平公正"两大特点，在全民所有制层面上实现了全覆盖，在集体所有制层面上实现了保基本、补短板、强弱项；在个体经济层面上实现了按权利办园；在民办幼儿园层面上体现出普惠性和公益性，也彰显出国家通过大力支持普惠性幼儿园发展为广大适龄儿童提供更加公平优质服务，更加充分保证每个孩子都能享有接受普惠性学前教育的机会，使每个适龄儿童都能接受公平而有质量的学前教育的良好制度保障。学前教育普惠发展理念的政治思想是新时代学前教育发展的基本遵循，是推进教育公平的重要举措，是儿童健康成长和国家长远发展的重要政策。

# 第二章 强化学前教育普惠发展的研究现状

## 第一节 学前教育普惠政策研究现状

**一、普惠性学前教育相关政策内容**

近年来，随着我国对学前教育阶段重视程度的不断提高，相关部门也有针对性地制定并颁布了一系列有关普惠性学前教育的相关政策内容[①]。尤其是从2010年至今，无论是教育层面还是社会层面，学前教育和其相关内容的公众关注度极高，相关政策的内容和发布也一直处于活跃状态。相比以往，有关普惠性学前教育的政策和文件，在数量和时效性等方面也出现了较为明显的提升。其中，比较有代表性的普惠性学前教育政策有2010年发布的《国家中长期教育改革和发展规划纲要（2010—2020年）》，中共中央、国务院不仅对普惠性学前教育的总体目标进行了明确，还针对普惠性学前教育事业的发展方向做出了清晰的十年规划。

另外，由国务院出台的《关于当前发展学前教育的若干意见》中也对我国2010—2020年，普惠性学前教育事业的顺利开展做出了有力保障[②]。在学前教育管理环节，以教育部为主导发布了一系列教育管理政策。比如《幼儿园建设标准》《幼儿园收费管理暂行办法》《中央财政支持学前教育发展资金管理办法

---

[①] 王青基.当前乡镇中心幼儿园存在的问题和对策[J].甘肃教育，2017（18）：41.
[②] 姜勇，周榆.普惠性幼儿园指标体系构建——基于全国14省34806个样本数据的实证研究[J].学前教育研究，2020（11）：58-74.

的通知》等[①]。这些政策、通知、标准和办法，明确了全国幼儿园的收费标准和收费内容，规定了幼儿园的财政投入和建设，对学前教育发展资金的管理，给出了具体且详细的建议。自2011年开始，全国逐步实行"学前教育三年行动计划"，是在党中央国务院教育部等各部门颁布的相关政策的基础上，为了更好地落实学前教育政策，促进普惠性学前教育发展而落实的一系列行动，优化我国学前教育教学质量，并对学前教育课程内容以及幼儿教师的管理和成长进行系统规划。同时，还有效避免幼儿园阶段出现过度小学化的倾向等一系列问题，明确幼儿园教师自身的专业化地位，并谋求和中小学教师享有同等的福利待遇。

表2.1 2010—2022年国家出台有关普惠性学前教育的相应政策

| 序号 | 发布时间 | 相关政策文件名称 |
| --- | --- | --- |
| 1 | 2010年 | 《国家中长期教育改革和发展规划纲要（2010—2020年）》 |
| 2 | 2010年 | 《关于当前发展学前教育的若干意见》 |
| 3 | 2011年 | 《中国儿童发展纲要（2011—2020年）》 |
| 4 | 2011年 | 《关于加大财政投入支持学前教育发展的通知》 |
| 5 | 2011年 | 《关于实施幼儿教师国家级培训计划的通知》 |
| 6 | 2011年 | 《关于规范幼儿园保育工作防止和纠正"小学化"现象的通知》 |
| 7 | 2011年 | 《幼儿园收费管理暂行办法》 |
| 8 | 2012年 | 《幼儿园教师专业标准（试行）》 |
| 9 | 2012年 | 《学前教育督导评估暂行办法》 |
| 10 | 2012年 | 《3～6岁儿童学习与发展指南》 |
| 11 | 2012年 | 《关于加强幼儿园教师队伍建设的意见》 |
| 12 | 2012年 | 《国家基本公共服务体系"十二五"规划》 |
| 13 | 2012年 | 《关于鼓励和引导民间资金进入教育领域促进民办教育健康发展的实施意见》 |
| 14 | 2013年 | 《幼儿园教职工配备标准（暂行）》 |
| 15 | 2014年 | 《关于实施第二期学前教育三年行动计划的意见》 |

---

[①] 财政部.教育部关于印发《中央财政支持学前教育发展资金管理办法》的通知[J].中华人民共和国国务院公报，2015（33）：80-84.

续表

| 序号 | 发布时间 | 相关政策文件名称 |
|---|---|---|
| 16 | 2015年 | 《关于做好2015年中小学幼儿园教师国家级培训计划实施工作的通知》 |
| 17 | 2015年 | 《幼儿园园长专业标准》 |
| 18 | 2015年 | 《中央财政支持学前教育发展资金管理办法》 |
| 19 | 2016年 | 《幼儿园工作规程》 |
| 20 | 2016年 | 《幼儿园建设标准》 |
| 21 | 2016年 | 《国务院关于加强农村留守儿童关爱保护工作的意见》 |
| 22 | 2016年 | 《中华人民共和国民办教育促进法（第二次修正）》 |
| 23 | 2017年 | 《关于实施第三期学前教育行动计划的意见》 |
| 24 | 2017年 | 《幼儿园办园行为督导评估办法》 |
| 25 | 2018年 | 《关于学前教育深化改革规范发展的若干意见》 |
| 26 | 2018年 | 《教师教育振兴行动计划（2018—2022年）》 |
| 27 | 2018年 | 《新时代幼儿园教师职业行为十项准则》 |
| 28 | 2019年 | 《关于开展城镇小区配套幼儿园治理工作的通知》 |
| 29 | 2019年 | 《幼儿园责任督学挂牌督导办法》 |
| 30 | 2020年 | 《县域学前教育普及普惠督导评估办法》 |
| 31 | 2020年 | 《中华人民共和国学前教育法草案（征求意见稿）》 |
| 32 | 2021年 | 《"十四五"学前教育发展提升行动计划》 |
| 33 | 2021年 | 《学前教育专业师范生教师职业能力标准（试行）》 |
| 34 | 2022年 | 《幼儿园保育教育质量评估指南》 |

纵观12年间，我国陆续出台的有关普惠性学前教育事业发展政策，不难看出针对学前教育，相关部门也进行了清晰的政策分类，包括学前教育事业发展政策、学前教育管理政策、学前教育课程及质量政策和幼儿园教师政策等[1]。共同构成了我国学前教育政策体系，赋能我国学前教育事业高质量发展。

---

[1] 田景正，龙金林，周端云. 新中国70年我国学前教育政策发展考察[J]. 贵州大学学报（社会科学版），2019，37（03）：90-99.

表 2.2 普惠性学前教育相关政策的分类

| 关于学前教育事业发展相关政策 | 关于幼儿园教师相关政策 | 关于学前教育管理相关政策 | 关于学前教育课程及质量政策 |
|---|---|---|---|
| 《国家中长期教育改革和发展规划纲要（2010—2020年）》（2010年） | 《关于实施幼儿教师国家级培训计划的通知》（2011年） | 《关于加大财政投入支持学前教育发展的通知》（2011年） | 《关于规范幼儿园保育教育工作防止和纠正"小学化"现象的通知》（2011年） |
| 《关于当前发展学前教育的若干意见》（2010年） | 《幼儿园教师专业标准（试行）》（2012年） | 《关于鼓励和引导民间资金进入教育领域促进民办教育健康发展的实施意见》（2012年） | 《3~6岁儿童学习与发展指南》（2012年） |
| 《关于学前教育深化改革规范发展的若干意见》（2018年） | 《关于加强幼儿园教师队伍建设的意见》（2012年） | 《幼儿园收费管理暂行办法》（2011年） | 《学前教育督导评估暂行办法》（2012年） |
| 《中国儿童发展纲要（2011—2020年）》（2011年） | 《幼儿园教职工配备标准（暂行）》（2013年） | 《中央财政支持学前教育发展资金管理办法》（2015年） | 《关于学前教育深化改革规范发展的若干意见》（2018年） |
| 《国务院关于加强农村留守儿童关爱保护工作的意见》（2016年） | 《关于做好2015年中小学幼儿园教师国家级培训计划实施工作的通知》（2015年） | 《中华人民共和国民办教育促进法（第二次修正）》（2016年） | 《幼儿园责任督学挂牌督导办法》（2019年） |
| 《幼儿园工作规程》（2016年） | 《幼儿园园长专业标准》（2015年） | 《幼儿园建设标准》（2016年） | 《县域学前教育普及普惠督导评估办法》（2020年） |
| 《关于实施第三期学前教育行动计划的意见》（2017年） | 《教师教育振兴行动计划》（2018—2022） | 《关于实施学前教育三年行动计划的意见》（2011—2017） | 《幼儿园保育教育质量评估指南》（2022年） |
| 《幼儿园办园行为督导评估办法》（2017年） | 《新时代幼儿园教师职业行为十项准则》（2018年） | 《关于开展城镇小区配套幼儿园治理工作的通知》（2019年） | |
| 《中华人民共和国学前教育法草案（征求意见稿）》（2020年） | 《学前教育专业师范生教师职业能力标准（试行）》（2021年） | 《"十四五"学前教育发展提升行动计划》（2021年） | |

## 二、全国普惠性学前教育的现状及问题

目前，我国普惠性学前教育事业的发展现状呈现出较为清晰的两面性。首先，在普惠性学前教育资源投入方面，幼儿园开设的数量和社会面投放的资金持续增加，适龄儿童的入园率也得到了大幅提高。从这一层面来讲，我国普惠性学前教育事业的发展得到了相关政策的支持和优惠，办学力量

和幼儿园建设环节成功吸引到了社会层面的资源和支持。据不完全统计，在2010—2019年，我国共增加超过13万所幼儿园，仅2019年就新开设超过2.8万所幼儿园，入园人数超过40 070万人次，教职工人数也高达50万人。但另一层面，社会力量和资金的贸然介入，也使很多经验不足的团队及个人在幼儿园办学和建设、教师团队组建和日常教学经营等环节暴露出诸多问题。

**（一）普惠性学前教育资源配置问题**

自我国普惠性学前教育事业进入快车道后，简要分为两个阶段：第一阶段，2005—2013年间，针对我国民办幼儿园行业体系，中央政府、国务院出台了一系列政策，完成了行业建设的基础铺垫；第二阶段，2013年后，在各项政策的支持和鼓励下，普惠性学前教育行业和系统出现了较大的革新态势。我国民办幼儿园的办园数量指数呈上升趋势，反之，公办幼儿园数量却在持续萎缩。比如2017年，全国幼儿园数量大约有25.5万所，公立幼儿园占比仅为29.6%，这不仅充分说明了民办幼儿园体系已经逐渐取代公办幼儿园，成为我国部分地区学前教育事业发展的主要战线，也代表着仍然有部分民众对普惠性学前教育资源有着较高需求。

2016年前后，曾有学者广泛调查学前教育阶段家长的满意度，并且有目的地发掘了一系列有关学前教育公共服务方面的问题，"入园难""入园贵"等情况仍然是部分家长需要面对的问题。家长对学前教育现状满意度较低，促使国务院发展研究中心针对这一课题进行立项，并在中国民生调查课题组中，采纳了8个省的入户问卷调查结果[1]，其中，入园贵、入园难、教育质量差成为家长对学前教育不满意问题的前三名。为了解决这些问题，相关部门持续开展一系列民生调查问卷，入园难、入园贵、学不到什么东西这三个选项的占比持续走高，连续三年成为困扰学前阶段家长最核心的问题，近两年才有所改变。

---

[1] 佘宇，单大圣. 努力发展普惠而有质量的学前教育[J]. 行政管理改革，2019（02）：16-22.

## （二）普惠性学前教育的政策适用问题

普惠性学前教育除了要面对相应的资源配置问题外，还需要面对普惠性学前教育的政策适用问题。政策是否适用，是否能真正对学前教育行业的发展起到正向的激励作用，是每个相关专业人员和学生家长都需要直面的问题。比如2017年前后，我国学前教育三年毛入园率虽然得到空前提高，已经接近80%的占比，但仍有1/5左右的幼儿没有得到接受学前教育的机会，直接反馈在政策体系方面。相关政策制定和颁布的目的是提高学前教育的普惠性，这1/5左右没有得到学前教育机会的孩子，应作为相关政策制定的核心出发点。换句话说，即便没有相关的普惠性政策，能上得起学并有渠道进入优质幼儿园的学生并不会受到任何影响。

另外，由于我国针对幼儿园的收费情况和收费项目并没有进行严格约束，也没有出台一刀切式的明确收费标准，导致大量民办幼儿园存在收费项目违法且收费标准不统一等现象。同时，由于我国针对幼儿教师的管控和体系架构，相比于小初教师存在明显短板，导致我国幼儿教师的整体学历不高。根据教育部发布的2020年全国各地教育统计数据（不含港澳台）显示：我国幼儿园教师总数超过350万人，本科学历教师占比27.72%，专科学历教师占比57.73%，专科以下学历占比14.55%。曾经由幼儿师范学校和职业高中幼师班负责培养了众多的幼儿园教师，但目前还有14.55%的幼儿园教师学历停留在高中阶段层次。如果幼儿教师的知识水平和学历水平无法得到有效提高，必然会影响全国普惠性学前教育政策的推广和落实，各民办幼儿园也很难在学术和专业领域推出一系列创新策略，取得有效的学前教育教学成果。

2010年，我国出现实施普惠性学前教育政策后，在不同地区所取得的成果和成效也有显著差异。以北京、上海等国际化大都市为例，存在大量的外来务工人员，随迁子女的学前教育问题成了普惠性学前教育政策需要针对性照顾的重要人群。前些年，务工人员子女入学难的问题主要体现在教育资源分配的不均匀以及幼儿园和学生个体之间差异较大，学前教育质量在不同层次幼儿园中存在显著差异。这些问题在大都市是必然存在的，因为每家每户对孩子学前教育的最终目标和需求不同，结果自然不同。但是，在普惠性学前教育范畴中，应该根据不同维度的实际情况出发，既要评估政策实施后的具体效果，又要发掘普惠性学前教育政策在不同地区、不同环境下的适配问题。简单来讲，不同地区、不同年龄、不同学历、不同职业、不同性别的人，对普惠性学前教育问题的认知程度不同，对普惠性学前教育的需求也千差万别。有一部分家庭和家长，本身对孩子的学前教育问题就抱以极高的期待值，也已经为孩子安排了更加优质的民办或私立幼儿园，他们对普惠性学前教育的实际需求就不能作为相关政策适配问题调查的参考目标。反之，应该找到对普惠性教育存在真正需求的群体，有针对性地进行政策调整。总的来讲，政策的制定和颁布是为了解决问题，应把因人而异、因地制宜当成政策最终成果和实效性参考的重要指标。

## 第二节 农村普惠性学前教育研究现状

### 一、我国农村普惠性学前教育发展现状

普惠性学前教育工作的推动和发展，与各地区、各城市的实际情况以及实际问题密不可分。相比于城市的学前教育环境而言，我国农村普惠性学前教育工作的落地和推动，需要面对更加复杂的环境。纵观我国学前教育在2000年后的发展历程，全国幼儿园数量增长超过1.6倍，幼儿园入园人数增长接近1.5倍，直观体现了我国学前教育规模的增长速度，有更多适龄儿童获得了进入幼儿园接受学前教育的机会，享受学前教育服务，接受更加科学、系统、优质的学前教育，成为我国农村学前教育工作发展的重点。

第一，相比于城市儿童，农村儿童面对的普惠性学前教育问题有着较为显著的差异。城市儿童主要是入学难、入学贵、入学之后学不到什么东西的困境。但是，无论是数据统计还是调查报告，都并非来自儿童自身的意见，而是由家长来进行表达。也就是说，目前，我国普惠性学前教育工作的反馈，实际上，

来源于家长认知和需求的学前教育现状。因此，家长在学前教育行业发展和改革中的作用是不能忽视的。相比农村学前教育工作，无论在政策推动还是深化改革等环节，想要做到行之有效，就要结合实际环境，做到因地制宜。农村普惠性学前教育工作遇到的困难，绝对不仅仅是幼儿园数量的增长问题，虽然农村幼儿园的费用比城市更低，但是农村人口年收入相比城镇人口年收入也少，二者已经形成等价关系。如果农村幼儿园费用占农村人口家庭年收入比重过大，则是我国农村普惠性学前教育发展最为核心的限制因素，即便是普惠性学前教育的规模不断扩大，幼儿园总数和入园儿童总数都在持续增长，也将会成为影响农村普惠性学前教育发展的关键问题。

第二，相比于城市公办民办并举的学前教育体系而言，农村普惠性学前教育仍然更多地依赖于公办幼儿园。因为，民办幼儿园或私立幼儿园开设的核心目的本质上是为了获得商业盈利，在幼儿园的选址和建设环节，就必然会优先选择人口更加集中、人口密度更高、消费能力更强的位置。因此，民办幼儿园在农村环境下很难获得高效的成长空间。随着我国现代化城市建设的脚步，越来越多的农村人选择进城务工，子女就读于城市幼儿园的占比也在逐年提升。再加上城乡一体化建设思路的铺开，有很多离城市距离更近的农村人口也选择到城市中购置房产，进一步削减了儿童在农村就读幼儿园的比例，适龄儿童的人口流失成了农村普惠性学前教育体系建立的核心问题。从商业逻辑的角度来讲，并不是农村普惠性学前教育的行业发展无法满足实际需求，而是该领域的市场正呈现出逐年快速萎缩的趋势。尤其是城市聚集更多人口，发展更加快速，导致城乡之间的学前教育资源投入占比进一步拉大。

第三，学前教师队伍的发展也是普惠性学前教育体系建立的核心要素。目前，我国总体学前教师队伍正呈现出数量逐年增长，学历层次不断提高的态势。相关部门的数据统计显示，2010年，我国专业任教的学前教师总数约为100万人，至2020年，保持平均每年15万左右的增长速度。2021年，全国幼儿园园长和专任教师总数超过350万人，比2011年增加200万人，增长1.3倍，生师比从2011年的26∶1下降到2021年的15∶1，基本达到了"两教一保"的配备标准，师资短缺问题得到有效解决。学前教师人数的增长和规模的扩大有效保障了我国学前教育行业的发展，满足了幼儿园数量和入园人数的匹配。但学前教师队伍的发展，在城市和农村两个环节所呈现出的比重差异仍然过大。

根据2021年5月第七次全国人口普查公布的数据，我国居住在乡村的人口为51 000万人，占全国人口总数的36.11%，但农村学前教师的人数，只有全国的10%左右[1]，如此巨大的人口占比差异，直接影响了我国农村普惠性学前教育体系的建立。另外，学前教师学历层次的大幅提高，农村受益也不多。目前，我国学前教师队伍主要构成的学历层次，从专科向本科发展出现了明显提高，在自身的岗位工作中有效推动着我国学前教育质量和水平的提高。但是，相比城市而言，农村普惠性学前教育，由于工作环境、薪资待遇、福利体系等多方面原因，仍然缺乏对优秀人才的吸引力。

第四，随着相关政策的颁布，我国在学前教育领域的经费不断增加。自2010年开始，学前教育领域的经费投入以平均每年300亿左右的水平逐步提高，10年间增长超过4.5倍。这种力度的财政支持，在诸多行业和领域中都极为少见，不仅有效缓解了全国各地学前教育经费不足的问题，也真正意义上提高了学前教育的地位和重要性，使其能更好地和小初学段义务教育进行衔接。但财政投入及人才配比，多数投入到了城市普惠性学前教育领域，对于农村普惠性学前教育的发展仍然缺乏充足的财政支持。时代的进步和社会的发展，我国城市和乡村人口比例会进一步拉大，而面对这种趋势时，相关部门也不会在必然萎缩的行业和领域加大不必要投资。因此，未来我国农村普惠性学前教育的发展必将迎来一次巨大的改革。

## 二、我国农村学前教育发展存在的主要问题

目前，我国农村普惠性学前教育发展面临的诸多问题，不仅涉及社会发展的各层面，还有深层次难题也无法得到及时有效的解决。针对农村普惠性学前

---

[1] 张晨. 农村幼儿园师资如何保障[N]. 中国教育报，2010-02-05（001）.

教育行业的发展和适龄儿童的入园问题，亟待通过立法予以规范和调整。我国农村学前教育的发展存在以下几个维度的问题：

### （一）农村学前教育管理体制不够健全和完善

相比城市学前教育发展体系，需聚集更多的资金支持和人才支持。农村学前教育管理存在着严重的主体责任难落实、管理人员缺位、督导评估问责不到位等问题，导致农村普惠性学前教育工作难以落实，管理难以形成有效合力。

1. 相关政府职能无法准确定位

近年来，虽然有大量的社会资源涌入学前教育领域，但学前教育工作仍然是我国教育系统中的一个重要板块。因此，开展学前教育管理工作离不开政府以及各职能部门的参与，省、市、区一级的教育部门应准确定位并参与到下属的幼儿园日常管理工作中。农村普惠性学前教育工作的落实和政府之间的关联及职能部门的定位明显不够明确。很多乡一级政府、镇一级政府都存在政府主导职责不明确的问题，其本身也没有直属教育部门，无法针对普惠性学前教育的管理工作进行落地分析。再有一些地方政府缺乏对学前教育公益性的深刻认识，过度依赖于将学前教育事业和社会层面的资金、资源进行捆绑，甚至还在社会层面聘请一部分所谓专家来指导该地区的学前教育事业，以至于普惠性的学前教育过度自由发展和商业化，使政府在学前教育发展中的职能偏离或缺失。还有一些地方政府对自身应当如何主导普惠性学前教育缺少正确认识，过度依赖上一级政府在本地区普惠性学前教育工作发展中的主导作用。在工作中，只知道传达省、市级教育部门的政策而忽视了农村地区的实际情况，并没有真正理解各级政府之间责权的划分，管理工作也出现了很多责任承担问题且无法真正得到落实。

2. 部门间职权划分不合理

相比其他领域和行业而言，学前教育的管理工作涉及的部门更多。而各部门间的职能履行、权利配置、责任承担等问题严重影响了学前教育，尤其是农村普惠性学前教育的发展。各种要求的不明确、规章制度的不合理极易导致各部门间出现职权交叉。而职能和责权划分不清，又会导致农村普惠性学前教育工作出现重复管理、批管分离等问题。比如农村幼儿园的收费许可证和专用票据发放问题就涉及物价部门和财政部门两个体系。这两个部门在原则上，都有向农村学前教育机构发放的权利，但在实际工作中，不同部门针对农村学前教育管理会出现一定的权责交叉和日常经营管理上的重复。农村普惠性学前教育机构的设立与审批同样涉及类似问题，教育部门有权为相关机构办理注册登记，民政和工商部门也有相似权力。区别在于，民政部门和工商部门并不承担机构设立的资质审查问题和设立后的监督管理问题。由各部门间出现的严重重复审批和批管分离问题，最终会集中在教育行政主管部门，为其执法带来各种问题与困难，阻碍农村普惠性学前教育管理工作的推进。

3. 农村学前教育管理机构及人员配置缺位

我国学前教育政策虽明确提出，"要建立健全学前教育管理机构，安排专职人员从事学前教育管理工作"。但是，在多数农村地区却未真正对学前教育管理机构的职能做出规定，包括专职人员的人数、学历、培训、工作要求等详细信息也没有进行数字化的录入处理。这些工作的疏漏，会使农村学前教育管理机构及人员严重不足，并随着城市化建设和城乡一体化建设而进一步扩大。目前，我国多数省份已经逐步撤销或合并学前教育管理机构，大量学前教育管理的专职人员转岗到其他的部门和岗位上，使农村普惠性学前教育的发展缺乏全面有效监管，部分偏远地区的农村学前教育问题更无法得到及时地传达和反馈，难以快速地处理和解决。

4. 农村学前教育督导评估与问责机制不完善

农村学前教育督导评估和问责机制与城市学前教育两者相比存在明显的缺失和不完善。从当前我国学前教育督导取得的实际效果可以看出，城市的公办和民办幼儿园在全民督促和公众参与环节中表现更好。目前，城市学前教育督导评估与问责机制已经逐步得到完善。但是，农村普惠性学前教育由于自身受关注程度较低，且直接参与人数较少，因此，督导评估工作的完善程度也较差，队伍建设更有待加强。当前，我国农村地区普遍缺少专业的、高水平的督导工作人员，影响着农村地区普惠性学前教育专业体系的建设。我国多数农村地区的学前教育督导评估工作效果发挥和运用不充分，一些地方政府的重视程度不够，以财政紧张和人才缺失等诸多理由搪塞整改措施，导致农村普惠性学前教育督导评估频率降低。同时，农村学前教育督导缺乏问责机制，即便在督导评估中发现问题也难以及时有效地进行追责，无法真正发挥教育督导作用。

**（二）农村学前教育财政投入与保障机制不健全**

财政投入是我国学前教育发展的必要经费保障，也是制约学前教育普惠性发展的关键因素，直接影响我国学前教育质量水平。对于农村地区而言，由于社会资源占比较小，民办幼儿园数量不足，财政投入的依赖程度更加严重。但是，目前，我国农村学前教育财政投入与保障机制，相比城市地区仍然不够健全和完善。

1. 农村学前教育经费整体投入水平较低

在学前教育普惠性政策逐年推广的过程中，我国学前教育领域的经费仍然存在一定的短缺和不足。其主要形式表现在以下两个方面：首先，相比其他学段而言，我国教育部门和家长对孩子学前教育的重视程度较低，导致学前教育的经费占教育总经费投入较低。深入分析这一现状，小学、初中学段属于我国九年义务教育制度范畴，国家教育部门有针对性的财政投入占比较大，使得小初阶段的普惠性政策获利最为明显。而多数学生在初中升高中阶段，就已经清晰地展现出了自身学习潜力，成绩比较优异的学生经过中考顺利就读于高中；其他学生走专科路线或直接结束学业。

因此，我国有一部分家庭对学生的学业态度，是基于九年义务教育的最终结果来判定的，在小初学段前，很多家长对学前教育的重视程度不足。据不完全统计，2000—2010年，我国学前教育经费的增长相对比较缓慢，从2010年开始得到了一定的改善，但虽增长较快，总体仍呈现出占比偏低的问题，相比其他阶段教育还有较为明显的差距。

其次，经费占比较低也体现在GDP中占比偏低。2010年以前，我国学前教育经费占比只有总 GDP 的 0.05% 左右，2019 年占比也仅有 0.4% 左右。

2. 学前教育经费投入差异明显

我国教育的地域文化差异也较为明显，呈现出东强西弱的状态，导致学前教育经费的投入存在一定的地区化现象，存在一定的投入失衡。经费投入的差异化，虽然在一定程度上是为了满足人口在当地的实际需求，但也会阻碍我国学前教育的地区性均衡发展，其表现在两方面：首先，学前教育的经费投入必然要和人口分布、城市分布等关键因素挂钩。近年来，国家财政有意重点扶持中西部发展，但是在学前教育领域的财政投入相比东部仍然存在巨大差异。尤其是在农村地区，人口基数的不同决定了家长对孩子学前教育重视程度的差异，东部地区经费投入较多，西部地区经费投入较少，中部地区投入严重不足。其次，城市和农村的学前教育经费投入也有明显差异。城市地区的学前教育经费投入呈现较为显著的增加，而部分农村地区的实际经费投入增长较小，并未有效缩减与城市地区的差异。

3. 针对弱势儿童学前教育保障力度不够

除了学前教育经费投入占教育总经费的比重以及不同地区的学前教育经费投入差异问题外，农村普惠性学前教育经费投入的相关问题，还涉及幼儿园自身的资质问题以及对弱势儿童学前教育的保障问题等两个方面：

首先，从我国学前教育经费投入对比情况来看，政府财政的扶持主要集中在公办幼儿园，使其不仅获得的扶持力度更大。同时，对政策的敏感程度更高，相比，民办幼儿园能获得的资金和政策支持极为有限。虽然在国家层面已经提出，要发动社会力量兴办学前教育，引导更多社会资源进入学前教育领域，使民办幼儿园的规模和数量得到迅速扩张，但是还有很多民办幼儿园，尤其是农村地区的民办幼儿园，由于缺少当地政府的财政支持只能通过提高收费等形式来维持自身的基本运营。这在一定程度上，影响了农村普惠性学前教育解决"入园难""入园贵"等一系列问题[1]，也严重影响了我国地方性学前教育普惠公平的发展水平。

---

[1] 杨晓萍，樊亚博. 新时期我国普惠性学前教育研究的焦点与走向 [J]. 教育与教学研究，2019，33（02）：89-100.

其次，普惠性学前教育资金投入更需要着重参考弱势儿童群体。根据教育部数据显示，2019年，我国3~6岁残疾儿童总数14万人，入园学习的残疾儿童数量不足6万人，综合入园率仅为43%，充分说明了当前我国残疾儿童或弱势儿童与正常儿童相比存在明显的入园率差异，其学前教育难以得到有效保障和落实。弱势儿童群体包括残疾儿童、流动儿童、留守儿童、家庭贫困儿童等处境困难的儿童，相比正常儿童很难获得公平的学前教育机会[①]。很多幼儿园会因为弱势儿童群体的个人因素和家庭因素拒绝接收，很多家长也会因为儿童自身的特殊情况而选择家庭教育的方式，导致我国一部分流动儿童和留守儿童的学前教育问题一直无法得到有效解决，甚至出现城市居民和流动、留守儿童的家长产生意见分歧和矛盾。时至今日，我国仍有40%左右的流动儿童和留守儿童无法正常接受学前教育。尤其是农村地区，不仅存在幼儿园数量不足、师资力量弱等问题，教学质量也很难在短时间内提高，弱势儿童群体的学前教育难以得到最基础的资金和政策保障。更为重要的是，在社会层面，很多人对农村普惠性学前教育的问题仍然没有引起足够重视。

**（三）学前教师队伍建设需要进一步加强**

教师队伍的建设和发展直接关系到我国农村普惠性学前教育事业的发展。与其他学段相比，我国学前教师队伍存在人数缺口，薪资待遇和福利体系也难以得到有效保障。相比小初教师，学前教师的师德素养和专业能力也较为薄弱，是直接影响幼儿园教学质量和发展水平提升的关键因素。

1. 教师数量总体存在缺口

随着我国对学前教育重视程度的不断提高，学前教师队伍规模也在不断扩大[②]。但由于该行业和领域的改革发展速度过快，学前教师无论在数量还是质量等方面，都难以弥补我国学前教师的巨大缺口，也难以满足普惠性、高质量的

---

① 侯凤芝."书香城市"背景下少儿阅读推广的"宁波样本"与提升策略研究[J].人文天下，2019（19）：19-24.
② 胡恒波.英国早期教育专业教师EYPS培训研究[D].重庆：西南大学，2013.

学前教育发展目标和需求。另外，国家全面推动"二孩"政策，进一步加剧了我国学前教师数量紧缺问题，学前教育行业的发展面临巨大的师资压力。在经济发达地区，可以通过一系列政策和福利待遇缓解压力。

但是，部分地区在难以满足学前教师薪资需求的前提下，队伍组建和人员构成仍然是无法解决的难题。我国学前教育政策明确规定，教育机构对于每个班组应当设置两位学前专任教师及一位保育员，满足各班组的日常教学和管理工作需求。教职工与学前儿童要达到1∶5至1∶7的配备比例，确保儿童在幼儿园的日常学习和活动中得到有效看护。根据相关比例和数据计算得出，我国当前仍有超过180万的学前教职工数量缺口，学前教师和保育人员人数不足，直接影响我国学前教育行业的发展，影响我国整体教育体制的改革。学前教师数量和质量存在的一系列问题，已经成为我国教育体系总体战略中亟待解决的关键问题之一。

2. 教师身份和待遇没有保障

长期以来，由于学前教育阶段在社会层面的认同感较低，也影响了我国学前教师的社会化身份和地位。最为直观的表现在于我国学前教师相比其他学段教师，无论是工资待遇还是社会福利都缺乏足够保障。首先，我国学前教师的工资待遇普遍偏低，尤其是农村学前教师的工资待遇更加低下。多数地区在编学前教师工资要比该地区的公务员平均工资低20%。另外，还有大量的临时教师缺少足够的福利保障，很多民办幼儿园未按照相应标准给临时学前教师缴纳保险和公积金。其次，相比其他学段教师而言，学前教师考进编制的难度更高，概率更低，入编极其困难。根据相关数据统计显示，目前，我国学前教师编制仅占学前教师总人数的21%。

相比其他学段，学前教师的职称评定也面临着不同程度的困难。即便是很多幼儿园园长和领导也缺少足够的职称评定权力。究其原因，主要在于目前我国学前教师的职称评定工作通常和中小学教师进行捆绑，缺少专门的职称评审机制，缺少独立的审查机构，使学前教师的职称评定缺少足够优势。很多优秀的专任学前教师在和中小学教师的竞争中，一而再、再而三地失去资格，使我国学前教师尤其是农村学前教师很难通过常规渠道进行职称评定，失去职称的晋级通道，导致学前教师对自身的职业认同感持续降低。很多学前教师由于自身身份和待遇等一系列问题选择离开学前教育行业，影响了学前教师队伍规模的增长和扩大。另外，任何一个行业和体系的发展，都离不开拥有丰厚经验的优秀人才的累积，如果学前教师队伍持续性地产生人才流失，必然会影响我国学前教育行业的发展。只有解决相应问题，才能为学前教育行业培养更多研究型、创新型、实干型人才和经验型人才[1]。

3. 学前教师的师德素养与专业水平有待提高

学前教育的教学质量往往和教师自身的文化素质、职业素养等因素密切关联。学前教师的师德素养和专业水平，直接影响学前教育体系的创新和发展。近年来，虽然国家教育部门一直重点加强学前教师队伍的建设，尤其是在师德素养与专业能力方面投入巨大，但仍有许多学前教师，尤其是农村地区的学前教师并没有接受过专业培训，缺少足够的理论和实践教学经验，师德素养和专业能力无法满足相应的要求和标准。

调查显示，我国学前教职工接受学前教育专业培训的比例虽不断增长，但是增长速度却十分缓慢，仍然有超过30%的学前专任教师从未接受过相应的专业培训，而保育员岗位所接受的专业培训比例更低，导致了很多幼儿园教师自身的专业素养不够，在工作中，很难对适龄儿童的身心成长规律有清晰的认识，在一定程度上，加重了学前教育小学化的问题。很多学前教师所采用的教育方式和教育理念并不适合学龄前阶段的儿童，反而一味苛求，想让学生在最短的时间内掌握更多的基础文化知识。这种教育方式，虽然看起来可以让儿童快速成长，但实际上这种"揠苗助长"的教育理念很容易导致儿童透支对科学文化知识的好奇心。一部分儿童在进入小学阶段后，快速失去学习兴趣，源于学前教育阶段花费了过多精力在文化课学习上，形成逆反心理。更有甚者，一部分学前教师自身的道德品质存在问题。

---

[1] 王士兰. 知识经济时代的护理管理[J]. 护理研究，2005（06）：549-550.

#### 4.农村学前教师的资质认定需强化

学前教师的资质认定工作,一直以来都是我国学前教育体系发展受到重大阻碍的核心问题。由于市场和社会层面的实际需求,民办幼儿园的数量激增,但没有足够的教师队伍进行匹配,还有一些无证教师或社会人员也在行业发展的大趋势下进入了学前教师的队伍行列,导致我国学前教育队伍的专业性下降。根据教育部提供的相关数据,我国专职的学前教师持有幼教资格证的人数比例仅有60%。教师队伍资质和专业素养的差异化,不仅严重影响我国学前教育行业的健康和可持续发展,大量无资质人员从事学前教育工作,也成为很多教育教学问题频发的诱因。

因此,只有强化学前教师的行业认证和资质认定工作,才能从根本上提高相关教师的准入门槛。也只有不断强化资质认定的严格性和规范性,才能培养出更多具有扎实教学基本功和丰富文化素养的优秀教师,真正使我国的学前教育具备更大的创新力。对于农村地区而言,学前教师的资质认定工作更需要从基础做起。首先,要在农村地区设立与城市地区相同的资质认定标准。其次,通过相关部门的通告以及组织培训,重点优化农村学前教师的个人素养和教学能力。双管齐下,提升农村学前教师队伍的专业素养。

## 第三节 普惠性学前教育公共服务体系研究现状

### 一、学前教育公共服务体系的建设无法完全依赖政府力量

随着我国政治、经济、文化的不断发展,人们对学前教育的关注越来越多,我国政府在教育改革过程中,也多次强调了学前教育的重要性。2010年,中共中央、国务院颁布《关于当前发展学前教育的若干意见》(下称"国十条"),首次提出了"学前教育公共服务体系"这一概念,指出要"发展学前教育,必须坚持公益性和普惠性,努力构建覆盖城乡、布局合理的学前教育公共服务体

系"①，使我国学前教育事业的发展进入了新的阶段。2018年，中共中央、国务院颁布《关于学前教育深化改革规范发展的若干意见》（下称"若干意见"），明确提出，"到2020年，全国学前三年毛入园率达到85%，普惠性幼儿园覆盖率（公办幼儿园和普惠性民办幼儿园在园幼儿占比）达到80%。广覆盖、保基本、有质量的学前教育公共服务体系基本建成，学前教育管理体制、办园体制和政策保障体系基本完善……到2035年，全面普及学前三年教育，建成覆盖城乡、布局合理的学前教育公共服务体系，为幼儿提供更加充裕、更加普惠、更加优质的学前教育"②。推进我国学前教育公共服务体系建设，实现"幼有所育""幼有善育"，已成为当前我国学前教育事业发展的重要战略目标③。然而，由于我国社会经济发展和公共财政水平的限制，根据2021年颁布的《"十四五"公共服务规划》来看，我国政府目前对于学前教育公共服务体系的定位仍然属于"非基本公共服务"，尚未将其纳入义务教育的范畴。2021年，国务院教育督导委员会办公室颁布的《关于县域学前教育普及普惠督导评估有关事项的补充通知》中也提到，"学前教育不鼓励实行免费教育，各地不得自行出台普惠性免费政策"，国家财政无法完全承担学前教育的开支，学前教育在整个教育体系中仍是较为薄弱的一环④。

据2020年《全国教育事业发展统计公报》数据显示，我国共有幼儿园29.17万所，其中普惠性幼儿园23.14万所，占全国幼儿园比例的80.24%。但《中国教育经费统计年鉴-2020》显示，2020年，我国公办幼儿园的数量仅12.38万所，占全国幼儿园比例的42.44%，当前，我国学前教育服务提供的整体格局

---

① 王玉飞，李红霞.普惠性学前教育的内涵、特征及其实现路径——基于政策文本的解读[J].大庆师范学院学报，2021，41（01）：112-120.
② 徐艳贞，黄茂勇.我国普惠性学前教育政策的演进脉络与发展特征——基于2010—2019年相关政策文本的分析[J].教育探索，2020（08）：25-30.
③ 樊晶.普惠性幼儿园教育质量提升困境及改进策略研究[J].江苏第二师范学院学报，2021，37（04）：45-48.
④ 刘志辉.我国省级区域义务教育均衡的实证研究——基于2009—2015年的统计数据分析[J].教学与管理，2018（09）：23-27.

仍呈现公办民办并举态势①。同期公办小学占全国小学的比例高达96.1%，即使是同为非义务教育阶段的高中教育，公办学校占比也达到了84.9%。因此，有近乎一半的幼儿园的开办和学前教育公共服务的需要是依靠非政府的力量来承担的。伴随着"全面二孩"政策实施推进和"开放三孩"政策的出台落地，家长及幼儿对学前教育的需求也将持续增长，我国学前教育公共服务体系的建设想单纯依靠政府兜底并不现实，必须结合市场、社会多方的力量，实现"一主多元"的建设机制，汇聚各方优势，实现我国学前教育的可持续发展，并吸引社会组织参与。因此，推进我国学前教育公共服务体系建设成为必然之举。

通过"the public system of preschool education"及"preschool public education"为关键词对外文文献进行检索，发现国外单独关注学前教育公共服务体系的相关研究并不多见，更多的是集中对整个教育公共服务体系的关注，并且多围绕教育公共服务体系中存在的实际问题以及如何改进这两个方面进行探讨。本部分主要围绕国外教育公共服务体系的相关研究展开。国外学者Greene M.指出，受到新自由主义的影响，现在很少有人去探讨教育公共服务体系与自由之间的关系，人文和艺术的教育正在慢慢消失。国外学者Davies B.和Bansel P.也同样指出，新自由主义使教育公共服务私有化，教育不再是受到政府提供和保护的公共产品，而是变成了可以在市场上交易的商品，教育公共服务既定的民众、公益的目标被遗忘，公共教育正在被新的私立学校教育形式所取代。国外学者Baltodano M.通过批判性政策分析的方式，呼吁重新定位美国的教育公共服务体系，努力使其摆脱商品化的趋势，通过政策的制定来保障教育能始终成为一种公共产品。国外学者Caldwell B.J.和Hayward D.K.通过对美国、澳大利亚、英国三个国家的教育公共服务体系的考察，指出教育公共服务体系的建立对社会福祉产生了巨大的贡献。

他们指出，一方面，教育公共服务的提供能促进知识和社会价值观念的传播，将不同种族、不同文化背景、不同经济水平家庭的孩子聚集在一起，增强同属

---

① 黄巨臣.学前教育专业本科培养方案比较研究——基于三所师范院校的文本实证分析[J].教育与考试，2019（02）：79-84.

于一个国家的下一代之间的凝聚力；另一方面，教育公共服务的提供也能帮助孩子做好进入社会、开展工作的准备，促进经济的发展。但他们也意识到，由于市场的过多进入，当前，教育公共服务体系面临着严重的信任危机，教育基础设施建设差、教师的知识水平无法跟上时代的步伐、教育观念较为落后、缺乏标准化的教育质量评价手段等问题，导致教育公共服务质量不高，学生难以从中获益的现实困境。在研究基础上，国外学者 Caldwell B.J. 指出，可以通过政策、权利、贡献和设计四个关键概念下的 15 个子要素，对公办学校的教育系统进行改革，倒逼教育公共服务体系的改革。同时，这种改革的成果需要强有力的领导、目标一致的参与以及采取必要措施和重建教育公共服务体系的决心。

## 二、社会组织已经逐渐成为我国现代化国家治理体系中的关键要素

在很长一段时间内，政府和市场被普遍认为是资源配置最主要的两种手段。然而，经过几个世纪的争论，学者逐步意识到，无论是政府还是市场，总是存在一定的缺陷，即所谓的"政府失灵"和"市场失灵"现象。因此，如何应对由于这两种现象带来的现实困境便成了 20 世纪六七十年代西方学术界的研究热点。社会组织作为能弥补政府和市场缺陷的组织及制度创新，一经出现就成为西方理论研究和实践探索的重点。特别是从 20 世纪 80 年代起，一场以"再造政府""重塑公共部门"为目的的新公共管理运动在英美开始，随后席卷全球[1]，伴随着诸如公共选择理论（詹姆斯·布坎南）、多中心治理理论（奥斯特罗姆夫妇）、新治理理论（莱斯特·M.萨拉蒙）等新兴学说的出现，将社会组织推上了社会治理的舞台。时至今日，社会组织已蓬勃发展，成为全球公共服务提供和公共事务治理的重要主体之一。

我国改革开放以来，在经济领域取得巨大成就的同时，各类相应的新的社会问题也不断涌现，比如贫富差距、人口老龄化、弱势群体权益得不到充分保

---

[1] 罗向阳，姚聪莉.我国大学管理人员专业化发展：机理、约束及路径[J].法学教育研究，2022，36（01）：322-341.

障等，面对这些层出的问题，政府并不能及时、全面和充分地解决[①]。因此，如何顺应时代潮流，激发社会组织活力，承接部分公共职能，补齐我国政府在社会服务供给领域存在的相应缺口成了迫在眉睫的任务。在此形势下，我国政府开始调整政策层面对社会组织的定位。根据民政部《民政事业发展统计公报》近15年来的数据显示，我国社会组织在数量上实现井喷式增长，截至2021年第三季度，我国社会组织的数量已经超过90.2万个，摒弃了从前无序、粗放的发展模式，以大规模的态势广泛活跃在我国的养老、教育、医疗、救助等诸多方面，在社会的各项活动中发挥着可圈可点的作用。

国外学者Kanyongo通过对津巴布韦独立前后的教育公共服务体系的对比分析，总结出发展中国家的教育公共服务体系一般会面临的两大挑战。一方面，发展中国家总是过多关注入学的学生数量，忽视了学生在阅读、成绩、考试等成绩素质指标上所取得的成就，并且在不同教育阶段都缺乏科学的、标准化的教育评价标准。

另一方面，在建设教育公共服务体系时，发展中国家通常难以拥有足够的财政资源为其提供支持。比如增加教育基础设施建设、开展教师培训或开发高质量教育课程等。若教师数量的缺乏、教学教具材料不足等问题，会影响教育质量，也难以改善学生的学业表现。但是，Kanyongo G.Y.也指出，对于发展中国家建设教育公共服务体系时所面临的财政困境，可以发动社会捐助者参与。国外学者Lynch M.探讨了美国教育公共服务体系中存在的十大问题，分别是：家长的参与度不够；公立学校被大量关闭；剩余学校人满为患，班额太大，师生比过高，使教师难以发挥作用；忽视了教育技术的缺点；缺乏对天才学生的个性化教育；经济下滑使国家财政在教育公共服务体系建设上投入的经费不足；教师教育缺乏创新；毕业条件过于宽松，虽然学生取得了毕业文凭，但实际上却没有掌握充分的学习技巧，无法为下一阶段的学习或生活做好准备；学生在高中辍学或犯罪的情况过多；在大学教育中的性别差距非常明显。

---

① 薛强伟.改革开放以来我国社会主要矛盾演化的"变"与"不变"[J].天水师范学院学报，2018，38（06）：5-10.

在教育公共服务体系的建设上，国外学者 Mc Cabe 指出，在当前多数国家和地区，幼儿园和小学、小学和初中、初中和高中、高中和大学之间的过渡是脱节的，而且是创伤性的，教育环节的改变除了会带来适应新环境的需要外，还会产生不必要的焦虑和压力，应建立一个从幼儿园到高中完整的、无缝的教育公共服务体系，实现从一个级别到下一个级别的平稳过渡。而国外学者 Aron L. 和 Loprest P. 着重强调了要建立面向特殊儿童，尤其是残疾儿童的教育公共服务体系，促进这些儿童与普通、正常的同龄人一起更大程度地融入社会。国外学者 Kare Hagemann 强调建立全日制的学前教育公共服务体系的重要性，相比非全日制，全日制学前教育公共服务的提供可以对儿童进行更深入的认知教育，还可以更系统地整合文化和社会学习实践，有助于平衡家庭中的社会差异。

### 三、社会组织参与我国学前教育公共服务体系建设的实践存在挑战

2010年，"学前教育国十条"颁布，在我国首次提出"学前教育公共服务体系"的概念，明确了"鼓励社会力量办园和捐资助园"的方针，为社会组织参与我国学前教育公共服务体系建设打开了制度空间。纵观现有政策文件，发现学前教育领域中，社会组织的身影总是被包裹与隐匿在社会力量之下，比如2018年"若干意见"中提出"引导社会力量更多举办普惠性幼儿园"；2021年，《"十四五"学前教育发展提升行动计划》（下称"十四五"规划）中提出"支持和规范社会力量办园""鼓励企事业单位、社会团体及其他社会组织等向学前教育捐资助学"，但并没有像其他领域，比如环境保护、法律援助、脱贫攻坚等被清晰点明，或形成专门的引导性、激励性的政策文件。比如2007年，江苏省司法厅颁布的《关于进一步加强社会组织参与法律援助的工作意见》；2017年，国务院扶贫开发小组颁布的《关于广泛引导和动员社会组织参与脱贫攻坚的通知》等。并且现有政策话语中对社会组织的期待大多集中于"办园"和"捐资"两点，没有充分覆盖社会组织参与我国学前教育公共服务体系建设的实际进展，也难

以完全调动其参与的内生力量①。

一方面,有的社会组织的参与思路被政策窄化,将自己的行动简单地局限于向幼儿园捐赠图书、玩教具等物资,向贫困、残疾的幼儿及家长提供学费等方式,没有形成长期、稳定、系统的参与模式,不利于我国学前教育的健康可持续发展;另一方面,有的社会组织采取的行动远远超出了"办园"和"捐资"的固化,产生了实践先于政策的情况,难以得到政府的支持保障与社会认可。比如奕阳教育研究院开展的科学研究、康轩学前教育研究院开展的幼儿园教师培训、聚能学前教育咨询中心开展的智库咨询等,容易陷入孤立无援甚至萎缩的困境。基于这种政策与实践脱节以及实践中的两极分化,激发了研究者的研究兴趣,也使研究社会组织参与我国学前教育公共服务体系建设实践的真实现状成为必要。

关于我国学前教育公共服务体系的内涵,学术界目前尚没有统一的说法。我国学者原晋霞指出,学前教育公共服务是政府面向所有适龄儿童提供的最基本的学前教育服务;辉进宇和褚远辉认为,学前教育公共服务体系具有公共性、政府主导性、多元性、均衡性、创新性、保障性等特征;张涵认为,学前教育公共服务体系的内涵包括五个要素,分别是政府主导、主体多元、质量导向、筹划系统、布局合理;王海英提出,学前教育公共服务体系是在学前教育领域内基于公平、公益、普惠的价值追求,在政府主导下使市场、社会等多元主体参与,为全体公民提供多样化的学前教育服务的制度安排和系统组合,包括学前教育公共服务的价值理念体系、组织制度体系和服务实践体系三大组成部分②;江夏强调,学前教育作为公共服务范畴内的概念,应更多关注公共利益的满足与否,强调政府的供给是以公众需求为导向,要肩负起供给的主体责任;张晋和刘云艳则基于不同取向对学前教育公共服务体系进行了解释,认为我国学前教育公共服务体系的结构应包括供给、财政投入、绩效评估三个部分。

此外,还有学者针对我国"普惠性学前教育公共服务体系"开展了相关研

---

① 曹溢.社会组织教育扶贫研究[D].石家庄:河北师范大学,2019.
② 李宏堡,丛孙舟,王颖,等.我国学前教育中长期发展目标体系及其模型建构[J].幼儿教育,2018(30):3-7+16.

究。比如王东认为，普惠性是我国学前教育公共服务的必然属性，基本内涵主要包括覆盖城乡、保质保量、政府主导、成本分担、体制创新五个要素；姜勇、李芳和庞丽娟通过构建 5A 维度，指出普惠性学前教育公共服务体系应具备付得起、达得到、配得齐、顾得广、适得度五个特征；刘焱和郑孝玲认为，应尽快将普惠性学前教育公共服务纳入基本公共服务体系；王玉飞和李红霞指出，普惠性学前教育公共服务体系应是以政府为主、市场为辅，力求教育公平，实现"幼有所育"的一种具有开放性质与儿童福利性质的学前教育公共服务体系，具有追求教育公平、重视可持续性、成本可负担、受惠于大众等特征。

### 四、关于建设我国学前教育公共服务体系的策略研究

对于如何开展我国学前教育公共服务体系的建设，学者从不同层面进行了阐述。我国学者杨莉君和李雨姝基于湖南省的案例，提出建构学前教育公共服务体系必须建设专业学前教育师资队伍，通过提高幼儿园教师地位与待遇保障、提升幼儿园教师准入门槛、对幼儿园教师进行培养三个方面开展。庞丽娟和冯江英认为，可以建立学前教育公共服务"一主多元"的供给机制，以政府为主导，引入市场竞争和社会参与；赵南认为，在我国学前教育公共服务体系建构中，公办幼儿园应作为主体充分发挥"覆盖""主导"与"保底"的功能，为区域内所有适龄儿童接受学前教育提供公平的机会[1]；李祥云和徐晓提出，必须通过立法明确学前教育公共服务的地位，构建各级政府间事权划分清晰、政府与市场以及政府间支出责任界定明确的学前教育财政保障制度[2]；李冕指出，在我国学前教育公共服务体系建设的过程中可以采用 PPP（即 Public-Private Partnership）模式，即通过政府购买服务、项目合作等方式，解决我国学前教育资源短缺、投入不足、管理不到位等问题；姜勇和庞丽娟认为，改革与完善我

---

[1] 赵南.公办幼儿园的重新界定与区域发展策略——基于学前教育公共服务体系的视角[J].湖南师范大学教育科学学报，2014，13（04）：108-114.
[2] 李祥云，徐晓.重构我国学前教育财政制度：从社会福利转向公共服务[J].教育导刊(下半月)，2015（10）：94-95.

国学前教育公共服务体系建设，必须始终坚定走符合中国国情的特色发展之路，可以通过有效调控师生比建立合理的成本分担机制，扩大学前教育资源，坚持"适度普惠"的基本原则，满足弱势群体的需求；曹小红提出，可以通过优化学前资源配置、加强学前教育教师队伍建设、提升教育质量、出台政策法规进行保障等四大措施进一步完善学前教育公共服务体系建设。

## 第四节　普惠性幼儿园成本分担机制研究现状

由于我国教育体系的特殊性，普惠性学前教育政策逐步推出后，在教育系统和社会层面引起了广泛关注，学术界也对相关政策以及普惠性幼儿园成本分担机制等环节进行了深入研究。

**一、普惠性幼儿园成本分担机制存在的问题**

学前教育以及幼儿园普惠性政策的落实和成本分担机制有着密不可分的关系。有学者在针对普惠性幼儿园政策的运行机制进行深入分析后，整理出一系列不合理的现象，并形容为普惠性学前教育政策推广的核心病症。同时，也有很多学者分析整理了一系列有关普惠性幼儿园成本分担的机制构成，并有针对性地提出一系列优化机制和有效路径。

首先，要针对不同地区的幼儿园开设现状，构建科学合理的成本分担逻辑体系。普惠性幼儿园的成本分担是教育资源分配及共享的基础。以政府管理视角为例，只有对本地的幼儿园数量、公办民办比例、入园人数等相关数据进行深入剖析，才能描绘出普惠性幼儿园在自身运行机制下存在的各种问题，再根据相应政策对其日常经营机制进行优化。

其次，普惠性幼儿园成本分担机制是否合理，成果是否有效，还需要和幼儿园园长以及相关负责人进行深入交流。只有一线工作人员，经过长时间的经验积累，才能明确感受到不同政策和机制对普惠性幼儿园工作开展的影响。再结合各地教育局的学前教育负责人、教研人员的反馈深度发掘普惠性幼儿园在政策运行机制方面存在的不足。

另外，不同地区针对共同性质的幼儿园所出台的相关政策存在一定出入。想要深度了解普惠性幼儿园成本分担机制是否科学合理，需要结合各地教育局、财政局的行政管理部门的相关政策，综合评判普惠性幼儿园是否在政策影响下获得了健康可持续发展。只有清晰了解政策影响和机制运行等多方面因素，才能在教师队伍建设、薪酬机制完善、监管机制建立等多方面提出优化路径和改善方案。

最后，想要真正了解普惠性幼儿园政策运行机制所存在的各种顽疾，需要通过大量反复的实验来探索出一条可行性道路。截至目前，全国各地相关部门总结出的有效方案，大致可以归结为以下几点：第一，要建立完善的财政扶持机制，针对不同性质的普惠性幼儿园规划出合理的发展路线。相关领导需要和幼儿园园长以及相关负责人进行深入沟通，了解每个幼儿园存在的财政问题；第二，构建完善的学前教师职业晋升机制。一方面，可以参考小学、中学等其他学段的模式；另一方面，需要在社会层面提高学前教师岗位的社会地位以及福利待遇，只有提高全社会对于学前教师职业认同感，才能吸引更多优秀人才加入学前教师队伍中；第三，构建完善的学前教育以及幼儿园普惠政策，推广监管机制。相比其他学段，学前教育的监督管理一直是我国教育系统的薄弱点。提高管理水准，构建完善的教学质量监测评估体系，一方面，有利于幼儿园自身管理和内部审查；另一方面，也有助于教育、财政部门对普惠性幼儿园日常工作的开展进行量化管理；第四，普惠性幼儿园成本分担机制的传统管理模式最核心的问题是教育分担机制的不完善，可以有针对性地建立PPP模式，进行教育分担，其主要目的在于针对城市、乡村等不同环境所存在的资源配置失衡问题。因此，想要细致分析这一现状，还需要在全国范围内收集不同地区的实际数据，以省、市、区、县、镇、村为基础单位收集足够样本，力争突破现有的体制瓶颈，构建全新的普惠性幼儿园成本分担，并深入剖析现状及原有的基本结构，注重短期与长期发展相结合。

## 二、普惠性幼儿园成本合理分担

### （一）普惠性幼儿园和普惠性学前教育

针对普惠性幼儿园成本合理分担机制的认知和理解。普惠性学前教育的基本取向，在我国教育界已经基本形成共识。但是，在细分领域，尤其是普惠性幼儿园的定义和发展方向，仍然存在较为明显的差异[①]。比如冯小霞将普惠性幼儿园理解成一种由公共资金举办、面向社会大众的公共学前教育服务机构。普惠性幼儿园的主要覆盖学校为公办幼儿园，只有少量民办幼儿园需要具备提供普惠性服务的相关资质和能力。另外，普惠性幼儿园需要由公共财政投入建设，只有为普通大众提供基本教育且能保证教育质量的学前教育服务机构，才能定义为普惠性幼儿园，所有特权式的学前服务机构都不能纳入到普惠性幼儿园的范畴中。

普惠性幼儿园，根本目的并不是为了在学前教育领域锦上添花，而是要完成雪中送炭的根本任务。还有一部分学者认为，在我国现有国情条件下，普惠性幼儿园必须具备面向大众的公开性质和资质有保障的公平性质，相关幼儿园还需要具备良性发展和可持续发展的基本条件。普惠性幼儿园在相关政策的指引下，应具备良好的运营状况，能满足一定条件下的造血能力。还有研究人员认为，普惠性幼儿园是我国学前教育体系的基础，如果民办幼儿园因为市场发展或者经济发展等诸多原因难以为继，那么，带有普惠性质的公办幼儿园将是我国学前教育体系存续的核心保障。

通俗来讲，如果社会层面的资金和资本认为学前教育行业不再有利可图，退出学前教育市场，普惠性幼儿园将成为我国学前教育和适龄儿童接受教育的阵地，具备社会保障性和社会福利性。普惠性幼儿园也是社会弱势群体离不开的重要保障，是对弱势儿童和特殊儿童进行补偿教育的排头兵。总的来讲，虽然上述内容在某些层面上会有所重叠，但是学术界普遍认为，普惠性幼儿园的

---

[①] 马培高，马星. 西部城市地区普惠性幼儿园发展状况调研报告——以重庆市江北区为例 [J]. 教育导刊（下半月），2015（09）：18—22.

实质就是我国学前教育体系的重要保障，适龄儿童以及弱势群体就读的最基础条件。

普惠性学前教育是有普惠性的幼儿园以及相关政策支持而共同形成的一套教育供给制度。在这种制度下，普惠性教育的基本功能和价值，必须通过相应的实物来体现，这种实物和体现方式就是幼儿园。从公共资源管理的角度来讲，凡是为了实现我国普惠性学前教育宏伟目标而存在的幼儿园，都可以归属为普惠性幼儿园。但是，在政府的相关政策框架下，公办幼儿园和民办幼儿园自身的经营目的和方式有所区别。因此，普惠性幼儿园更多包含了公办性质幼儿园，同时，也吸纳了一部分能提供普惠性学前教育服务的民办幼儿园。针对幼儿园自身的性质进行区分，其目的并不是为了说明政府政策以及普惠性幼儿园成本分担机制的区别，而是要从含义和边界的层面对普惠性幼儿园进行初始定义，更好地区分不同形式以及不同方式存在的普惠性幼儿园，在政策以及资金支持的同等条件下，能为社会提供怎样差异化的普惠性学前教育服务。

普惠性学前教育服务及核心目的在于服务人民群众，需要具备更强的包容性和服务能力。更强的包容性，最主要的体现在于幼儿园的收费要相对便宜，能被更多的人民群众和家庭接受。而更强的服务能力，需要体现在普惠性幼儿园绝对不是收了钱不办事，或者只为儿童提供基础的看护服务。相反，普惠性学前教育服务机构，不仅需要保证基本质量，还要在现有条件下，不断深入思考和挖掘内部教育资源和潜力，争做更有性价比的学前教育。在很多人的认识中，所谓优质的学前教育只存在于部分民办幼儿园，是集中大量社会资源而形成的特权产物，不针对普通大众开放的教育资源。但无论是硬件资源还是政策资源，无论是人才资源还是社会资源，普惠性幼儿园作为公共财政保障福利下的体系之一，天然带有自身的先进性和优越性，只要通过一系列普惠性的逻辑调整和相应的公共财政支持，未来我国的普惠性幼儿园体系必然可以经过不断的结构性调整而取得喜人成果。

## （二）普惠性幼儿园成本合理分担

普惠性幼儿园成本合理分担，不仅是我国学前教育系统发展的必然方向，也是普惠性学前教育落实的必然要求。但是，对于普惠性幼儿园成本合理分担的认知以及理解，要立足于学前教育系统构建的基础上，只有明确成本分担的方式，才能探讨合理程度。

首先，对于普惠性幼儿园的服务范围和社会意义而言。相比其他教育阶段和教育体系，普惠性幼儿园更加突出的意义在于公共产品的特性。只有合理的公众参与以及匹配的公共财政，才能发挥稳定的保障作用，并在成本分担结构中配置足够份额。从理论上讲，普惠性幼儿园的成本分担包括多样主体，比如国家主题、家庭主题、社会主题等。但是，鉴于我国当前的实际国情和学前教育系统发展的真实情况，真正能得到有效落实的分担主体只有政府和家庭。很多以盈利为目的的民办幼儿园或者由私人投资建立的学前教育机构，通常都需要由家庭资金进行教育置换。这种置换方式的核心是为了盈利和达到商业目的，而不是真正想要实现净教育投入。因此，在探讨普惠性幼儿园成本分担课题时，需要充分认识公共财政对家庭教育资源进行的平衡性补偿和提供的资源供给。这种补偿和供给是一种社会层面的互动，如果公共财政在普惠性幼儿园建设和普惠性学前教育领域的投入无法实现规模化、体量化，那么就难以展现成本分担的真正意义。

其次，想要了解普惠性幼儿园成本分担的程度，需要了解成本分担模式本身的结构具有一定的不平衡性。尤其在普惠性学前教育领域，想要实现教育公平和教育资源的平等分配就需要切实保障公办幼儿园以及民办幼儿园，能在幼儿教育方面享有平等待遇。这种平等的待遇和诉求，既体现在不同阶层的家庭和民众之间，也体现在民办幼儿园和公办幼儿园的性质差异上。换句话说，所谓的普惠性幼儿园成本分担，最终目的是实现民办幼儿园和公办幼儿园共同的范畴之内，儿童享有的权利平等化。但是，世界上任何一个国家针对这一领域的资源分配都很难形成一个合理且平衡的结构，尤其是在幼儿园成本分担上，学前教育财政支出分配结构通常都较为畸形。

在学前教育财政投入严重不足的前提下，公办性质幼儿园无法得到充足的财政支撑，难以实现和民办幼儿园等同的教育资源，这种现状必须改变。因此，在普惠性学前教育的体系框架规划和未来发展过程中，公共财政系统必须针对不同儿童群体给予平等待遇，尤其是对弱势群体要进一步补充，针对低收入家庭要有适当的财政倾斜，只有提高部分人群享有学前教育公共服务的基本权利，匹配相应的教育资源，才能真正发挥普惠性以及学前教育和普惠性幼儿园在公共服务领域的重要作用。

另外，普惠性学前教育并不代表普惠性幼儿园的建设和教育资源完全同质化。因为这种过于理想的论调不符合我国的实际国情，也不符合当前社会发展需要的学前教育目的。想要真正凸显普惠性幼儿园的社会价值和公共属性，需要在我国当前现有的学前教育基础上，建设并发展更加合理的机制和体系。这种体系的建立，一方面要兼顾现有公办和民办幼儿园之间的差异，还要在社会层面筛选更多有教育意义和教育价值的教育产品。当前，我国公办幼儿园和民办幼儿园所使用的各种教材、玩具用品、场地等教育产品，在一定程度上，存在标准质量和价格等各方面的差异。如果一味追求教育平等，只为了单纯地满足这种诉求，必然会影响当前的学前教育的平衡性，甚至会对我国的教育大系统、大环境产生不可预测的影响。同时，不可避免的影响因素还包括地区因素、认知因素、家庭因素等一系列客观条件。以家庭为单位进行考量，不同家庭在不同地区对学前教育服务的需求程度和现实支付能力也是千差万别。这种差异体现在教育体系的各环节以及各学段，因此尊重这种差异化，满足不同家庭的实际需求，也是普惠性学前教育在公共财政资源领域的一种平等分配。因此，普惠性教育并不是一味追求同质化和均等化，而是要根据人民群众和不同家庭的实际需求规划相应层级和体系。

最后，普惠性幼儿园成本的合理分担，既要解决公共财产资源分配的公平问题，还要解决相应资产配比的效率问题。公平与效率，通常在公众的认知中存在非此即彼的矛盾冲突，认为想要实现公共资源的公平分配，就必然影响企业分配效率。如果追求公共资源的分配效率，就会影响公共资源分配的公正性。但实际上，这种认知是错误的。公平与效率有一个共同的前提，就是为了真正实现普惠性幼儿园的建设和发展，即使二者之间无法实现同步，也可以在一定程度上保留其协同性和兼容性。因此，矛盾、非此即彼、难以接受通常都是在极端特殊的条件下才会发生的，或者是在很多居心不良的人心中进行的一种不利于普惠性学前教育体系建设的舆论。在实际生活中，市场机制和群众反馈是公共资源分配是否公平、高效的最佳诠释。矛盾冲突，只有在市场失灵或者受到刻意影响的前提下才会出现。

总的来讲，普惠性幼儿园成本能否做到合理分担需要两方面。一方面，要看公共财政能否给予充分支持，绝不是简简单单做到平均分配，而是要真正因地制宜、按需分配。而家庭因素、环境因素，也是公共财政匹配需要考量的核心因素，既不能出现家庭因学前教育的外溢效应难以获得补偿，又要保证学前教育支出构建的合理保障。要实现这些目标，就要让每个家庭能通过相应的权利来享有学前教育机构的选择权。简单来讲，家庭条件更好，或者对学前教育更为重视，可以在相应标准框架内选择教育服务质量更高，但成本也更高的幼儿园；另一方面，实现公共财政有效支配的方式还要在普惠性幼儿园的成本支出基础上增加相应标准。不同家庭可以根据自身需求选定教育内容，超出特定标准之外的费用由家庭承担。这种公共财政的匹配模式，在一定程度上平衡普惠性幼儿园成本分担的效率原则和公平原则。自由选择成为市场调节机制的重要前提，而教育质量成为调动家庭对学前教育投入的有效杠杆。只有公平且自由的双向选择才能使公共财产得到最为合理的利用，既不影响普惠性幼儿园发挥自身的社会效益，也能让公共财政支出和社会家庭支出之间建立起协同的动态平衡关系。

**（三）普惠性幼儿园成本分担机制**

普惠性幼儿园成本的合理分担，本质上是政府财政支出和家庭财政支出二者之间形成的动态匹配关系，只有通过相应的机制和模式才能真正实现。这种机制是普惠性学前教育的受益主体对幼儿园运行成本的合理分担方式[①]，目的是保障普惠性幼儿园实现长期可持续发展，并且对普惠性幼儿园教育投入的配置方式进行升级。只有将分配原则正当化，对配置效率优化处理，才能将其称之为合理。

目前，我国针对普惠性学前教育成本分担的研究，相比其他国家在思维视野上仍然存在一定的局限性。对于学前教育成本分担的价值判断，还没有形成符合国情和时代发展需求的正确认知。对于多数从业人员和政府职能部门而言，理想意义上的成本分担结构和实际的分担水平存在较大差异，只能实现基本不涉及结构要素的动态关系。学者王海英及其课题组，针对我国当前的学前教育成本分担撰写专著表示：学前教育的成本分担机制主要体现在分担方式上，具体表现在各分担主体的分担比例与方式。同时，也有部分研究人员，根据自身的经验和认识直接、间接地表达自身对我国学前教育成本分担机制相应内涵的理解。只有通过数学性质的合理建模，才能发掘学前教育成本的有效核算，并根据一系列参数计算得到相应数值，形成学前教育经费的有效保障，体现政府对弱势群体的财政补偿以及社会层面向学前教育领域的捐助和捐赠。目前，我国在这两个环节还没有形成完整有效的机制，也没有真正意义上将社会捐赠和政府补偿纳入到教育成本分担结构之中。

上述研究，通常是将学前教育的成本分担机制和国家推出的相关教育政策进行关联，更加关注学前教育成本分担机制本身的静态结构和理想状态。但实际上，合理机制和优化结构是在动态的过程中持续形成的有效运作模式，过于简单化和理想化很难触碰学前教育行业成本分担的有效内核，也无法真正满足普惠性幼儿园和普惠性学前教育自身复杂的供给体系。这也是当前我国在普惠性幼儿园发展过程中，难以形成真正实际有效成本分担工具的重要原因。

普惠性幼儿园成本合理分担机制最重要的目的是保证在公平的基础上，

---

[①] 石丽君.我国普惠性学前教育研究共词分析[J].开封文化艺术职业学院学报，2020，40（06）：181-184.

重视对教育资源和社会资源的有效配置。如果无法保障普惠性幼儿园一边获得稳定收入，一边为社会和公众持续输出教育成果，那么这种分配方式就不合理。因此，普惠性幼儿园成本合理分担机制，需要以市场经济和福利制度为参考，构建社会层面的混合型教育配置方式。在应用过程中，既要充分考量主要变量之间存在的不同关系，还要确定面对不同情况时的原则一致性，要重视学前教育供给主体间的关联性，并明确学前教育各参与主体间存在的相互作用。

### 三、普惠性幼儿园政策运行机制路径创新

普惠性幼儿园的建设和运行思路是推动我国普惠性学前教育体系发展的重要杠杆。只有真正解决好普惠性幼儿园成本分担机制问题，并通过相应问题覆盖可能面对的各种情况，才能真正实现普惠性学前教育的最终目的。因此，从政策运行机制和行业体系未来发展路径等不同层面进行分析，普惠性幼儿园的创新思路可以大致归纳为以下几点：

#### （一）明确基础逻辑，强化政策连续性

普惠性幼儿园成本分担机制的合理性是普惠性学前教育体系发展、制度形成的有力保障。纵观其他国家普惠性学前教育系统的发展，合理的分担机制是必要条件[1]。以目前我国的实际国情和各省反馈的真实情况来看，学前教育公共财政投入偏低是阻碍分担机制合理性的关键问题，投入结构严重不平衡是次要问题。但更为关键的是相关从业人员对普惠性学前教育成本分担认知不清且思路混乱，没有形成科学合理且清晰的行为准则。换言之，缺少指导思想是阻碍普惠性幼儿园成本分担机制建立的核心问题。

当前，国际上普遍认为政府应当按照受益原则来分担学前教育成本。但是，成本分担的程度和具体方式需要和各国家的实际情况进行关联，采取不同的形式

---

[1] 王东.构建普惠性幼儿园成本合理分担机制[J].教育科学，2017，33（03）：78-84.

和做法。结合其他国家的经验可以了解到，在不同的区域和意识形态下，政府可以通过灵活调整的方式支持学前教育财政体系，将其打造成一个适合不同情况的公共产品。同理，我国针对学前教育的发展，也有自身非常现实的目标和需求，必须通过中国特色的方式来解决相应问题。解决思路和原则，必须使目标和结果一致，合理制定政策且逻辑清晰。总之，普惠性幼儿园成本分担的基础逻辑是要保证社会层面的价值认可和价值准则，并建立起公平与效率兼备的成本分担机制，发挥相应机制的作用，推动我国普惠性学前教育行业的可持续发展。

### （二）构建保障体系，优化增量结构

普惠性幼儿园成本分担机制的建立和运行，需要充足的教育财政投资作为支撑。目前，我国的普惠性学前教育存量正处于严重缺失和不足的状况，必须建立普惠性学前教育的基础财政保障体系，优化保障的有效结构，确保财政投入的持续增量，满足行业发展需求，避免出现行业泡沫。要实现这个目标，需要从以下两个维度进行切入：

一是普惠性学前教育作为教育公共财政支出，应当和其他学段的财政支出一样，根据发展规划列入各级财政预算的独立计划中，并且各地区、各级财政预算，需要按照本地普惠性学前教育的规模和发展纲要，有计划地保持稳定增量。在具体实施过程中，相关计划可以做出战略选择，但必须有时间节点和时间表，并需要由专人负责监管，保障计划内容的落实。

二是各级政府应当做好自身工作。以省级单位作为核心统筹机构，市、县作为落实机构，以中央转移支付作为战略保障，形成一套完善的学前教育财政支出结构和合理的协同机制，确保无论各级政府的财政结构和经济条件如何变化，都能保障普惠性学前教育财政支出的独立性。还应该适度增加省级财政和中央财政在学前教育领域的支持力度和支持幅度。

对于如何扩大普惠性学前教育财政支持力度，是学前教育领域发展的核心问题。时至今日，已经有部分地区将学前教育支出单独列入地方政府教育财政

预算中。当然，也有部分地区还没有实现独立预算，即便是有独立预算，学前教育能得到的财政支持规模和比例也都普遍较低。目前，我国各省在学前教育财政支出方面的占比，仅有教育财政总体支出的2%左右。相比，初中和小学阶段几乎普遍高达20%~30%。想要对现有的政府教育财政支出结构进行调整，必然会遇到各方面的强大阻力，尤其是财政支出和教育资源的重新分配，不仅会遇到来自外部的压力，还会更多地遇到来自教育系统内部的反对声音。

这种压力的常态化，使普惠性学前教育财政保障体系一直难以真正建立起来。相比学前教育成本分担，多数地区的公共财政分担比例无法实现，并不是由于自身的发展水平或经济实力，主要原因在于政府的分担意愿不够强烈，主观能动性不强，以各种理由进行推脱，使普惠性学前教育财政保障问题不是教育问题，也不是财政问题，而是一项政治问题。也正是由于这个问题所具有的复杂性和困难性，要想解决学前教育财政保障体系问题，只有通过相关立法才能真正得到落实和解决。

**（三）改革管理体制，以质量管理为核心**

普惠性幼儿园的建设机制是普惠性学前教育的落实环节，也是成本分担机制合理存在的必要基础。成本合理分担机制的意义和目的，是以普惠性幼儿园的结构合理化为前提条件。普惠性幼儿园成本分担和普惠性幼儿园建设二者之间相互支撑、相互依存。在普惠性幼儿园涉及的范畴内，要追求教育资源平等化、教育质量核心化，消除公办幼儿园和民办幼儿园两个不同性质幼儿园之间角色的差异和身份的不平等。这些内容最终都会落实到普惠性幼儿园的管理体制改革上，并在质量管理的不同层面得以体现。

建立以质量管理为核心的普惠性幼儿园管理制度，就是为我国的学前教育设计一套牢不可破的稳固结构。只有基础牢固才能让学前教育的改革取得实质性的优化。在相应的改革过程中，普惠性幼儿园提供的教育质量和收取的价格，会成为普惠性学前教育供给领域最有决定性的因素。教学质量和相关价格将成为公共财产和家庭支出的投入标准，教育质量越高、价格越低，越能撬动家庭支出和财政支持,同样也能吸引更多社会资金的流入。以质量管理为核心的普惠性幼儿园管理制度是一个复杂且完善的体系,需要一系列配套制度共同构成,包括但不限于普惠性幼儿园的认证与评级制度、成本和定价核算制度、动态财政管理制度。只有制度全部完善,才能形成完整且动态平衡的普惠性幼儿园管理结构体系,并成为普惠性学前教育体系构建的重要前提,也是对现有学前教育管理体制的一次优化和升级。在升级和优化的过程中,必然会面对一系列问题和阻滞,需要巨大的改革勇气,并且投入一定的管理成本。成本和时间的投入是考量各地区政府是否真正重视学前教育的核心因素,也是评价改革能否可持续发展的关键标准。

### (四)发挥市场作用,构建价格杠杆机制

从逻辑学上来讲,我国的普惠性学前教育模式是相对存量适度的普惠教育机制。因此,在构建结构时需要优先确定相应的普惠性原则,分层、分级、选择性供给,并提前制定相关标准,确保整个结构的公平性。

对于普惠性学前教育体系而言,资源配置涉及的相关主题数量较多,彼此之间的关系更加复杂,想要梳理出相对平衡的机制就需要充分考虑各方面的诉求。要实现学前教育资源的有效配置,不能一味强调政府相关部门的职能和权利,更需要充分发挥市场选择和市场机制的作用,调动市场和社会层面的资源以及各家庭对学前教育资金投入的主观能动性。同时,还要实现公共财政体系的最优配置方式,让普惠性幼儿园的学前教育服务能收获最佳效果。市场机制的核心价值在于参与学前教育的各主体,能通过质量和价格的统一标准来衡量该领域的供需关系,供需关系的确定能使双方获得最佳收益。

与传统的政府分配资源模式相比,市场分配的机制更加公平,更加具有灵活性。针对不同环境和不同时间节点,对应的供需关系也会发生不同程度的变化。普惠性幼儿园成本合理分担机制,只有通过市场反馈和市场选择才能兼顾发展性和公平性,而政府公共财政的投入需要根据质量和价格反馈来调整不同幼儿园的资源匹配。幼儿园作为办学主体,只有自身制定的价格和教育质量关系二

者之间更加合理有效，才能吸引更强烈的市场反馈，并正向促进普惠性幼儿园供给结构的完善。反之，存在问题或不合理的学前教育供给体系也会受到市场的强烈排斥。因此，市场机制的本质就是要求政府相关部门，能对所在地区的学前教育管理方式进行灵活的变通、优化和转变，从政策选择转向市场选择，从政府治理转向社会治理。

# 第三章　强化学前教育普惠发展的实践与经验

## 第一节　新时代学前教育普惠发展现状

### 一、学前教育发展总体情况

新时代以来，我国学前教育事业蓬勃发展，为普及、普惠奠定了坚实基础，成为教育改革发展的重大战略问题。党中央、国务院高度重视学前教育工作，近年来，在党中央、国务院的高度重视下，我国学前教育事业发展取得了长足进步[1]，学前教育规模快速扩大，普及、普惠水平稳步提升。截至 2018 年底，全国共有幼儿园 21.6 万所，在园幼儿 4 658 万人。全国学前三年毛入园率达到 81.0%，比 2015 年提高了 13.7%；公办幼儿园和普惠性民办幼儿园在园幼儿占比分别达到 50% 和 58.3%，比 2015 年分别提高了 13.8% 和 20.5%，我国学前教育已进入高质量发展的重要阶段[2]。但是，当前学前教育还存在着发展不平衡、不充分等问题。学前教育仍是教育体系中最薄弱的环节，"入园难""入园贵"问题尚未得到根本解决，为促进新时代学前教育更好地适应人民群众对美好生活的期待，进一步推动教育公平、促进幼儿全面发展、推进教育现代化，各地应进一步完善制度体系、加强教师队伍建设、规范办园行为、落实收费管理办法和安全管理制度，促进学前教育持续健康发展。

---

[1] 唐仁健.在中央农业广播电视学校联合办学领导小组会议上的讲话[J].农民科技培训，2021（02）：4-8.
[2] 刘晓晔，李叶兰.幼儿园儿童读物推荐的基本原则[J].学前教育（幼教），2021（Z1）：8-11.

## 二、普惠性幼儿园覆盖率

2021年，普惠性幼儿园覆盖率（公办幼儿园和普惠性民办幼儿园在园幼儿数占在园幼儿总数的比例）达到85%，比2015年提高了12%[①]。根据历年教育部《全国教育事业发展统计公报》数据显示，2012年，全国共有幼儿园18.13万所，学前教育毛入园率为64.5%。十年来，全国幼儿园总数、幼儿园园长和教师人数、学前教育毛入园率均在稳步上升。2021年，我国学前三年毛入园率达88.1%，全国幼儿园数达到29.5万所，比2011年增加12.8万所，增长了76.8%，有力保障了不断增加的适龄幼儿入园需求。2021年，全国幼儿园在园幼儿数达到4 805.2万人，比2011年增加1 380.8万人，全国学前三年毛入园率由2011年的62.3%提高到2021年的88.1%，增长了25.8%，学前教育实现了基本普及。2021年，全国普惠性幼儿园（包括公办园和普惠性民办园）达到24.5万所，占幼儿园总量的83%，其中公办园12.8万所，比2011年增长了149.7%，全国普惠性幼儿园在园幼儿占比达到87.8%，比2016年增长20.5%（2016年开始统计普惠性幼儿园在园幼儿占比），其中12个省超过90%，有效保障了多数幼儿享受普惠性学前教育。农村普惠性幼儿园覆盖率达到90.6%，并不断扩大城镇普惠性资源，全面开展城镇小区配套幼儿园治理，共治理2万多所幼儿园，增加普惠性学位416万个。从数据可见，我国的学前教育还未实现全面普及，学前教育的资源总量、普惠性资源仍存在不足。

截至2020年底，全国幼儿园29.17万所，在园幼儿4 818.26万人，学前教育毛入学率达85.2%，比2019年增长了104万人，增长率2.21%，毛入学率稳定增长，突破85%。普惠性幼儿园在园幼儿4 082.83万人，普惠性幼儿园覆盖率84.74%，幼儿园专任教师291.34万人。2020年是普惠性幼儿园各项数据增长较快的一年，普惠性幼儿园在园幼儿突破4 000万人，同比上年增长500万人，增长率13.95%，是近五年增速最快的一年，普惠性幼儿园覆盖率达到

---

[①] 吴遵民，黄欣，屈璐．我国学前教育立法的若干思考[J]．复旦教育论坛，2018，16（01）：35-41．

84.74%。

全国共有非营利性普惠性民办小学（含教学点、分班等方式办学的独立法人）8.5万余座，其中：小学4 700余万人（含公办和普惠性民办学校等办学机构960万）；初中2 650万人；普通高中80万人；中等职业教育1 090万人；义务教育阶段其他学校100万人。各地公办学前教育资源不断丰富，但普惠性、普惠资源仍不够充足，从区域分布来看，北京市最多，占全国总量一半以上；其次是上海市、江苏省、广东省、四川省和陕西省。从省域来看，西藏自治区、青海玉树藏族自治州等西部地区占比最多，分别为12.6%和9.1%。从幼儿园类别来看，公办幼儿园31.65万余所（其中政府公办幼儿园占机构总数的32.9%）；普惠性民办幼儿园25.77万余所（其中民办普惠性幼儿园占机构总数比例为22.1%）；普惠性公办幼儿园占比为25.2%。在上述统计数据中可以看出我国普惠性学前教育发展已经取得了长足进步。

### 三、学前毛入园率和公办幼儿园在园幼儿占比

#### （一）公办幼儿园在园幼儿占比提高，但依然不能满足社会需求

公办幼儿园占园所总数比例最高的是北京，为79.3%；其次是上海，为76.6%；排在第三位的是广州。公办幼儿园在园幼儿占比最高的是上海，为86.2%。从地区分布来看，幼儿园数量较多的地区一般是经济发达地区，且学前教育普及程度高、学前教育发展水平高。虽然公办幼儿园幼儿占比提高了，但是仍不能满足社会需求，导致"入园难"的问题依然存在。公办幼儿园中教师数量少、待遇低等问题，仍然制约着民办幼儿园的进一步发展和提升。

#### （二）普惠性民办幼儿园覆盖面仍需进一步扩大

随着近年来各地学前教育经费投入的增加和相关配套政策的出台，普惠性民办幼儿园发展较快，但覆盖面仍需进一步扩大。一是资源总量不足、分布不均衡问题仍然存在；二是公办幼儿园和普惠性民办幼儿园的比例较低，"两高一剩"问题较为突出，占在园幼儿总数的62.3%，各地资源配置还不够均衡合理、

布局结构不够合理、保教质量有待提高[①];三是财政投入仍显不足,普惠性民办园发展面临诸多困难。由于受土地面积、人员工资等因素影响,一些民办幼儿园出现资金周转困难等情况,不利于普惠性民办幼儿园稳定健康发展。总体上看,受各地经济发展水平、财政能力差异等因素影响,仍存在普惠性民办幼儿园在园幼儿占比较低和覆盖范围小的问题仍较突出;公办幼儿园生均公用经费标准偏低且逐年下降;公办幼儿园保教质量有待进一步提高;一些地方出现财政投入不足等问题。

**(三)公办民办结构有待进一步优化**

民办幼儿园数量增长较快,占比逐年提高。从近几年全国幼儿园数量的增长情况看,在园幼儿占比逐年提高的同时,公办和普惠性民办幼儿园占比不高、数量偏少,导致学前教育资源供给不充分,"入园难"的问题仍然存在且在较长一段时间内难以缓解。2019年,全国共有幼儿园28.12万所,民办幼儿园17.3万所,比2018年的16.6万所增长了7 000所,比2010年的10.2万所增长了7.1万所。从数量上看,我国公办及普惠性民办学前教育机构占比偏低;从占比提高程度上看,普惠性民办学前教育比例偏低;从结构上看,发展不平衡、不充分问题仍较为突出。同时,优化公办幼儿园布局、扩大公办幼儿园占比方面已经有了明显进展:各地通过加大政府投入推动了公办幼儿园建设;各地通过推进办园体制机制创新破解了在园生均财政拨款不足的问题;在园幼儿数量和比例明显提升。

**四、普惠性民办幼儿园发展**

2018年,国务院办公厅印发《关于规范发展普惠性民办幼儿园的意见》(国办发〔2018〕84号),明确要求坚持政府主导、社会参与,健全扶持政策、加大政府投入,完善成本分担机制和合理回报机制。2020年11月,国务院办公

---

[①] 王雅君,何星锡.我国普惠性民办幼儿园扶持政策分析——以15份政策文本为研究对象[J].广东第二师范学院学报,2018,38(01):5-11.

厅印发《关于开展普惠性民办幼儿园认定工作的通知》(国办发〔2020〕37号），对普惠性幼儿园认定工作进行部署。各地通过新建、改扩建等多种方式和渠道扩大普惠性幼儿园的覆盖范围。"十三五"期间，新增普惠性幼儿园20.9万所（含新建和改扩建），全国共有各类普惠性民办幼儿园26.5万所。2021年，全国共有普惠性民办幼儿园18.6万所，其中公办幼儿园7.7万所，占比63.6%；在园幼儿4 700万人，其中公办幼儿园在园幼儿2 520万人，民办幼儿园在园学前儿童2 180万人。

2021年底，全国共有各类示范性幼儿园10.8万所，占全国各级各类示范学校总数的87.3%，在园幼儿2 698万余名。各类示范园区8 800多个、占全国各级各类示范园区总数的87.7%（其中公办幼儿园区近3 000家），国家级、省级园区中各层次都有较大发展。全国共有教育信息化试点省27个、示范省11个，各地通过实施国家义务教育质量监测和区域学前教育质量监测制度，全面掌握义务教育阶段办学质量和发展水平情况。

**五、学前教育财政投入**

2020年，全国财政关于学前教育经费为2 879.1亿元，比上年增加745.3亿元，增长10.3%，其中中央财政投入140.6亿元、地方财政投入102.9亿元。各地积极筹措资金，多渠道保障学前教育发展。省级财政投入学前教育的比例从2011年的71.7%增加到2020年的77.5%，年均增长1.8%；市县级财政投入比例由2010年的27.2%增加到2020年的58.7%。各地采取多种措施促进普惠性民办幼儿园健康发展，公办和民办普惠性幼儿园生均公用经费标准普遍提高；完善资助政策和补助标准，不断提高资助水平；加大对乡村普惠性幼儿园支持力度等[1]。各地出台了多种支持政策措施保障普惠性学前教育发展，2021年，中央学前教育生均公用经费基本标准提高到每生每年600元，财政拨款标准不断提高。

---

[1] 庞丽娟.发展普惠性婴幼儿托育教育服务体系[J].教育研究，2021，42（03）：16-19.

### （一）学前教育普及普惠取得显著成效

当前，我国基本建立了以政府为主导、社会广泛参与的办园体制，形成了政府主导、社会参与和公办民办并举的办园体制。在政府宏观管理方面，各级政府部门不断强化责任落实和监管力度，建立健全幼儿园规划建设与管理政策措施体系及实施办法；不断加大财政投入力度，完善支持政策；不断健全资源配置制度及标准体系等内容；不断加强监督管理机制建设和队伍建设等工作。普惠性幼儿园占比从2010年的44.9%提高到2020年的80.9%。学前教育普及、普惠取得显著成效，基本公共服务能力得到显著提升，公益普惠目标基本实现。据教育部统计，2011年以来，全国共有133万名建档立卡贫困家庭适龄儿童接受了免费普惠性教育；2019年，共有520万名非建档立卡贫困家庭适龄幼儿享受了公办园免费学前教育。全国公办幼儿园在园幼儿占比从2011年的28.6%提高到2020年的55.2%，幼儿园园长和教师队伍整体素质也显著提高。

### （二）学前教育毛入园率逐年提高

国家统计局调查显示，我国学前教育毛入园率持续提高。从学前教育普及程度来看，2011—2018年，我国学前教育普及水平不断提高，2012年之后，每年增长均在5%以上，2013—2018年，年均增长率高于全国平均水平。教育部发布《关于做好国家义务教育质量监测工作的通知》中提到："近年来，教育部认真贯彻落实党中央、国务院关于全面普及学前教育、推进义务教育优质均衡发展决策部署和教育部有关文件精神，积极推进义务教育质量监测工作，重点围绕全面普及学前三年教育、提高学前教育质量开展等方面。监测结果将为相关部门完善政策举措、推动均衡发展提供重要依据。"

### （三）普惠性民办幼儿园发展情况与经费保障情况逐步改善

随着我国学前教育事业不断发展，普惠性民办幼儿园数量持续增加。截至2020年底，全国公办幼儿园18.7万所，占比98.8%；民办幼儿园11.8万所，占比96.4%。从各地情况看,普惠性民办幼儿园数和毛入园率呈现逐年上升的趋势。从经济发展水平来看,东部地区普惠园数量占全国比重高于全国平均水平。从全国总体上看,学前教育的城乡差异有所缓解后又有所加大。从普惠性民办幼儿园的发展情况来看,随着政府对普惠性民办幼儿园的扶持政策不断完善,普惠性民办幼儿园发展得到了进一步促进和支持,普惠性学前教育投入不断加大、公办幼儿园数量进一步增加,普惠幼儿园数量和比例也呈现逐年上升趋势。政府对普惠性民办幼儿园扶持力度的加大以及资助政策措施的不断完善,使普惠性民办幼儿园保教质量水平不断提高。由于各地经济发展水平、财政承受能力等不同因素的影响,一些地区普惠性民办幼儿园存在办成"贵族""官办"幼儿园等问题。虽然各地普惠性民办幼儿园收费不高或者免费(如部分地区免收学费)的情况仍有存在,但在全国范围内仍然存在公办和民办幼儿园价格差距大和不同地区间价格差异大的现象。

### 六、"入园难"和"入园贵"情况和原因分析

据教育部教育事业统计数据显示:2020年,全国共有幼儿园29.17万所,入园儿童1 791.40万人,在园幼儿4 818.26万人。其中,普惠性幼儿园在园幼儿4 082.83万人,普惠性幼儿园覆盖率达到84.74%,幼儿园共有专任教师291.34万人,学前教育毛入学率85.2%,幼儿园等级评定为一级及以上幼儿园比例为92.9%,幼儿园基本达到了普及、普惠的目标。"入园难"问题一直是制约学前教育发展的主要瓶颈,由于公办幼儿园办班数量少、收费高,家庭经济困难的幼儿几乎不能进入公办幼儿园接受教育,且一些民办学前阶段"去行政化"改革还未到位。义务教育阶段一直是政府教育投入的重点领域,2020年,义务教育生均公用经费基准定额提高到1 000元,在国家基本公共服务体系中,义务教育也是最重要的组成部分。民办学前阶段投入资金占比仅为10.6%,低于公办学前阶段投入资金占比水平;公办学前保教经费占比只有24.6%。民办幼教服务主体多元化、非公资源利用不足、民办幼儿园教职工待遇偏低是造成"入园难"和"入园贵"的主要原因。因此,在新时期推进学前教育普惠发展过程

中应当加强对民办学前阶段的财政支持力度。

当前，我国学前教育发展中存在较多问题和困难：一是部分地区对学前教育扶持政策还不够完善和科学有效，影响了学前教育普及、普惠发展进程；二是部分幼儿园办园质量较差，部分地区幼儿园布局规划仍未落实到位或不规范、教师配备不足导致办园质量参差不齐；三是公办和民办幼儿园收费标准差距较大，且存在公办和民办幼儿园相同资质下收费不一样、保教费差距较大等问题；四是非普惠性民办幼儿园在办园条件、保教内容上还存在不足；五是对普惠性民办幼儿园非公属性的认识有待提高以及部分地区普惠性民办学前教育质量良莠不齐等问题，都需要引起重视并加以解决。

新时代以来，在党的坚强领导下，全体教育工作者共同努力取得了很大成就，值得充分肯定和表彰，但也要清醒地看到学前教育事业发展中存在以下问题：一是普惠性资源总量不足、布局不合理问题依然比较突出；二是优质普惠性资源供给不足问题较为突出；三是幼儿园保育教育质量有待提高和规范，幼儿园办园行为有待加强，这些问题仍然存在或仍未完全解决。

## 第二节 国内外典型案例与有益启示

### 一、从国际比较视角看待发展背景与理论机制

#### （一）我国学前教育发展背景与理论机制

我国已实施"公平学前教育"计划，推进学前教育全面普惠发展，我国的普惠发展经历了从"免费学前教育"到"公办幼儿园普惠"再到"普惠性幼儿园"的发展历程。随着经济社会发展和人口结构变化，学前教育普及与均衡也面临着很大挑战。从政府层面来看，我国目前还没有建立起一套完整的普惠性学前教育评价体系，也没有一套能对全国进行科学、客观评估并针对实际情况进行调整的标准和办法，普惠性幼儿园数量与规模也低于美国。针对这些问题，中央政府提出了《国家中长期教育改革和发展规划纲要（2010-

2020年)》，明确指出要"逐步提高幼儿园覆盖率"和"扩大普惠性幼儿园覆盖面"①。

中央政府采取多项政策措施：第一，开展幼儿园标准化建设工作；第二，完善民办幼儿园发展的相关政策；第三，推进城乡学前教育一体化；第四，实施普惠性民办幼儿园扶持政策。为促进学前教育均衡发展并缩小城乡差距，中央政府采取了多种方式促进教育公平：第一，将教育扶贫纳入"十三五"规划；第二，实施学前教育"补短板"工程并加强幼儿园师资队伍建设；第三，推动学前教育资源均衡发展；第四，让优质教育资源下乡和流动到农村地区等方式推进教育公平问题。随着社会发展水平的不断提高、经济社会结构优化以及城镇化建设步伐的加快等因素影响，我国在解决学前教育普及发展方面面临着越来越大的挑战。

**（二）美国学前教育背景与理论机制**

美国在政府主导下，对不同地区教育水平和资源差异进行差别化补贴。比如联邦政府设立了"公平学前教育"计划，旨在通过补贴低收入家庭或低收入群体来促进学前教育的普及，地方政府提供资金、资源和培训等方面的支持，促进学前教育的发展。此外，美国的区域发展策略也发挥着重要作用。从"公平学前教育"计划看，通过财政投入、公共服务以及其他社会项目来支持不同地区的教育发展。美国政府在制订并实施"公平学前教育"计划时注重因地制宜和发挥地方特色，地方政府和社区组织在参与普及学前教育过程中起到了至关重要的作用，还在"公平学前教育"计划中设立了相关指标用以评估效果，进行量化考核。

此外，美国政府还对普惠性幼儿园的建设管理进行补贴，推动相关理念向"个性化学习"转变。从财政投入来看，通过设立公共补助金来促进学前教育普及发展，对不同地区实行差别化补贴以及加强公共服务质量监管来推动普惠发展，

---

① 秦治琳，李海鸥，张愉敏.中华人民共和国学前教育制度建设回顾与展望——以1949—2020年为例[J].早期教育（教育科研），2020（12）：12-17.

是美国主要的支持政策形式。从公共服务范围来看，除了提供必要的教育经费外还将更多资源分配给农村和欠发达地区，实现学前教育普惠发展。从资金来源形式来看，美国联邦一级提供了充足资金并对各级政府部门进行监管，保证其有效地落实政策；地方政府提供财政支持；社区组织提供人员培训、政策宣传和沟通协调等工作，确保相关政策真正落实。从财政补贴方式来看，联邦一级公共补助主要是通过对低收入家庭进行资助，实现学前教育普及教育的目标。联邦与地方合作的补助主要是通过联邦向地方提供资助并在地方开展培训，实现教育服务共享，推进学前教育发展。联邦和地方合作有两个主要方式：一是向农村地区进行援助；二是为农村地区建立幼儿园。从财政支出来看，政府不仅加大对学前教育经费投入，还通过发放补助金和奖学金等方式支持农村地区发展幼儿园教育服务。

### （三）加拿大、德国、英国和丹麦学前教育发展背景与理论机制

加拿大的学前教育发展以普惠为主要目标，通过采取多种举措积极推进儿童教育和学前教育普及，具体实践主要包括以下几个方面：第一，建立覆盖所有适龄儿童的全民教育体系，包括建立"公平幼儿教育"项目，并在全国范围内实施；第二，将普惠性幼儿园纳入公共教育系统进行评估与监测；第三，鼓励开展学前合作和家园合作；第四，增加对低收入家庭儿童和农村儿童的资助。

德国的学前教育政策以普及和提高质量为目标，通过发展社区教育和实施政府采购政策，有效促进儿童早期教育的发展。德国的学前教育政策强调建立一个完整的学前教育系统，满足所有儿童在接受学前教育方面的需求。为保障社区中每个儿童都能接受到优质幼儿园的教育，德国政府通过建立社区中心与教育机构合作等方式，保障学前教育在社区中的发展。同时，德国也高度重视对教师专业化发展的支持，通过开展幼儿园教师资格认证和培训、制定相应职业标准等举措，促进幼儿园教师队伍的专业化发展。德国政府从20世纪90年代开始，就把教育拨款作为财政拨款的重要部分，用于资助学前教育事业发展。比如德国联邦与各州签署了《各州儿童计划》和《联邦儿童政策》，规定学前

教育财政预算支出比例；为确保资金使用效益，联邦政府每年在预算中划拨资金，资助各地区开展有关幼儿教育质量评估方面的工作；通过建立幼儿园等级制度、完善教育质量监测机制、加强幼儿园教师专业培训和提高教育系统效率等举措保障质量监控政策的实施。

英国作为世界上最早建立学前教育公共服务体系的国家，各级、各类幼儿园都实行公办民办并举制。英国政府对幼儿园从教育质量到教师待遇等各方面都予以支持和保障。比如在英国各级各类幼儿园中均设立了幼儿教师专业培训项目；财政预算每年为每个幼儿教师提供300英镑津贴，用于培训课程、添置设备及发放教师工资；每年为教师提供600英镑补助经费并对贫困幼儿提供生活补贴；在每个班级中配备3名教师，其中1名教师负责保育和教育工作，另一名教师负责园内教学活动、课程的组织与管理以及班级安全等。

丹麦的学前教育通过国家立法、地方立法、教师专业标准设立和国家资助计划实施等多种方式来实现普及与提高。丹麦的学前教育发展以政府为主导，主要依靠财政投入来保障其发展。在政府主导下，丹麦的幼儿教育具有以下特点：第一，法律规定学前教育由公共部门提供，以保证公立幼儿园的高质量；第二，教师拥有专业标准及资质审核；第三，政府向公共部门和私营部门提供经费；第四，教师具有良好社会责任感和高质量的教学水平以及稳定的职业前景。

## 二、我国学前教育普惠化改革的主要做法

### （一）加强顶层设计，优化改革目标和路径

我国在经济社会发展的总体战略上作出了"普及、公平、有质量"的政策承诺，明确以政府为主导实施"学前教育三年行动计划"，即《"十三五"时期深化教育领域综合改革规划》《关于深化教育体制机制改革的意见》，要求推进各级各类学前教育普及普惠发展。在经济社会发展方面，通过"十三五"规划确定重点任务目标，进一步推进学前教育普及、普惠的进程。

**（二）发挥政府主导作用，加强政策支持和保障**

学前教育是政府主导、全社会共同参与、共同关注的事业，是一项长期而复杂、艰巨而繁重的工程。因此，学前教育普及、普惠改革离不开政府、市场和社会等多方主体合作共赢。一方面，要发挥政府在规划引导、财政投入和制度保障方面的主导作用；另一方面，要调动社会力量参与支持学前教育普及、普惠发展。为保障我国学前教育普及、普惠改革顺利实施，党和国家主要从以下几个方面进行了实践探索：

1.建立以政府为主导的普惠性学前教育发展机制

政府在学前教育普及、普惠发展中发挥着不可替代的作用，需要在政策层面加以重视。《幼儿园教育指导纲要（试行）》提出，"国家制定幼儿园布局规划时要考虑办园条件"。《国家中长期教育改革和发展规划纲要（2010—2020年）》要求"进一步调整优化学前教育布局"[1]。我国政府把支持学前教育普及、普惠作为"十三五"时期重点任务之一。2016年，国务院办公厅印发《关于开展农村示范幼儿园创建活动的通知》（国办发〔2016〕80号），明确要求"以县（市、区）为单位，每个乡镇原则上建有1所以上农村示范幼儿园"。从我国政府推动普惠性学前教育普及、普惠化发展的实践来看：第一，从国家层面来看，明确了中央和地方的责任担当。为了确保完成"十三五"时期基本普及学前三年教育的目标任务，国家要求地方各级政府在教育发展规划中纳入保障和改善民生、扩大基本公共服务范围、推进社会公平等方面的内容；第二，从地方层面来看，各省（区、市）将普惠性幼儿园建设作为推动本地学前教育普及、普惠发展的重要举措之一；第三，从省级层面来看，各省（区、市）把幼儿园建设列入了教育规划纲要和民生实事计划中予以保障和改善。

2.加强财政投入保障力度

2018年，中共中央、国务院印发了《关于学前教育深化改革规范发展的若

---

[1] 霍力岩，胡恒波，沙莉，等.普及、优质和均衡应是新时代学前教育发展的核心主题[J].人民教育，2018（07）：31-36.

干意见》，提出加强普惠性幼儿园建设。各级政府要建立健全财政投入机制，落实生均拨款制度，根据实际需要逐步提高公办幼儿园和普惠性民办幼儿园生均公用经费标准[①]。同时，国家还通过调整优化中央和地方财政结构，增加中央对学前教育发展的投入。2017年1月，印发的《中共中央国务院关于学前教育深化改革规范发展的若干意见》要求在中央专项彩票公益金中设立学前教育基金。

3. 完善经费资助政策与保障制度

根据学前教育发展现状，我国政府在经费资助政策方面采取了以下措施：第一，落实中央财政学前教育补助政策，对家庭经济困难儿童、孤儿和残疾儿童等开展资助；第二，完善生均公用经费标准，逐步提高学前教育生均拨款水平；第三，落实公办幼儿园教职工编制标准，在核定的岗位津贴基础上，各地根据当地物价部门核准价格，制定公办幼儿园教职工编制标准，并将符合标准的幼儿园纳入教师编制总量和调配范围。根据党和国家对学前教育普及、普惠改革目标任务部署要求，加强对幼儿园经费进行有效监管和统筹安排。建立健全普惠性幼儿园生均公用经费拨款制度，对农村地区普惠性幼儿园应补尽补。2018年，教育部印发《关于开展普惠性民办幼儿园认定和扶持工作的通知》，要求各省建立以生均拨款为主、不区分公办还是民办的普惠性民办园认定机制和补助标准。为保障各地按照国家明确规定的投入要求，落实中央财政和省级财政对幼儿园经费补助政策，教育部建立了学前教育工作部联席会议制度。为加强各地学前教育经费投入使用监督管理机制，教育部于2018年12月印发了《关于开展2018年度省级政府教育督导工作方案》，要求各地开展学前教育经费投入使用监督管理工作。

### 三、合作开展幼儿园教育质量评估项目的有益经验

在幼儿园教育质量评估方面，我国自2014年起开始实施《3～6岁儿童

---

① 庞丽娟，贺红芳，王红蕾，等. 不同性质幼儿园教师待遇保障研究：现状、原因分析与政策建议[J]. 教师教育研究，2021，33（03）：38-44.

学习与发展指南》，旨在通过对幼儿园教育活动的有效开展，促进学龄前儿童全面发展。我国已经将学前教育质量评估纳入到督导评估体系的重点工作，并于2019年印发了《教育部关于开展第二期学前教育三年行动计划国家督导试点工作的通知》，启动了学前教育质量督导评估试点工作。在"双改薄"计划和义务教育优质均衡发展国家督导评估项目等国家政策要求下，以幼儿园教育质量为核心开展监测和反馈工作已经成为一种必然趋势。一方面，为实现"学前儿童普惠"目标，我国积极实施学前免费教育计划并推进学前教育普及化改革，保障每个适龄幼儿都能接受良好的学前教育；另一方面，在学前教育普惠发展的过程中，确保各级各类幼儿园正常运转并满足幼儿正常接受教育的需求。

### （一）项目合作是项目双方共同努力的结果

在幼儿园教育质量监测项目中，英国国家质量中心（NQA）为政府提供了大量的专业支持，并与许多组织合作开展项目研究。自20世纪90年代以来，英国国家质量中心（NQA）先后开展了数十项幼儿园教育质量监测项目，并从"监测"和"反馈"两个方面着手开展工作：一方面，基于科学和实证研究，为幼儿园教师提供专业的教学建议；另一方面，向幼教领域专家提供技术支持与指导。英国国家质量中心（NQA）与许多组织合作开展项目研究后发现，这些研究对英国幼儿园的整体教学质量产生了积极影响。在课程方面，参与评估的幼儿园在教学设计、实施和评价方面都更具个性化。在教学方法方面，参与评估的幼儿园使用多种方式对幼儿进行有效培养的可能性更大。在评价方面，参与评估的幼儿园教师能更好地发现教学中存在的问题。研究还发现参与评估的幼儿园教师逐渐意识到：只有当他们了解了所教内容以及他们与所教内容间的潜在关联时，才能设计出符合目标要求的教学活动和环境，而要想将这些信息应用到实际教学活动中并取得成功，只有通过与其他相关人员合作并共同努力才能实现。

## （二）合作的主要内容

1. 幼儿园教育质量监测和评估：主要通过开展调研活动，了解幼儿园教育质量现状和存在问题，并针对发现的突出问题，提出具有针对性的建议并予以解决。

2. 学前教育督导评估：通过对幼儿园教育质量相关指标进行量化和诊断，了解幼儿园教育质量状况及其影响因素，并提出具有针对性的建议和改进措施。

3. 幼儿教师专业发展支持：主要通过对幼儿园教师开展培训、为其提供专业发展支持服务等方式实现，提升幼儿园教师的专业发展水平。

4. 教育研究项目与成果共享：通过合作伙伴关系的建立和信息沟通以及研究成果共享实现合作目标，为合作伙伴间开展合作交流、资源交换构建平台。

从国际层面看，我国与德国的学前教育合作在近20年中持续进行。在此期间，双方在幼儿教师的专业发展、学前教育机构的管理、幼儿园管理标准等方面开展了深入的有效合作，双方依托各自优势为学前教育督导评估工作提供了重要保障，也借鉴对方已有经验积极探索适合本国实际情况的学前教育督导评估工作模式与方法。比如德国和北京都开展了以督导为主要内容的国家治理体系和现代化能力评估工作。

### 四、国内外典型案例对中国学前教育发展的启示

近年来，我国学前教育在普及、普惠发展方面取得了显著成效，但在一些区域和领域仍然存在"优质园"短缺、"薄弱园"数量较多等问题[①]。为此，中国教育学会学前教育专业委员会发起了以学前儿童公平发展为目标的专项课题研究，旨在探讨如何进一步推动优质教育资源均衡发展；如何解决学前普惠资源不足的问题；如何确保幼儿园和家庭之间的沟通；如何推动学前教育资源的

---

① 陈宇红.普及普惠落实处·幼有优育脱贫帽[J].山西教育（幼教），2021（06）：9-11.

城乡均衡分布；如何解决不同地区、不同经济条件、不同教育理念家庭之间的不公平。国外的一些案例研究和实践探索对中国学前教育发展有很大的启示。

国外经验中促进教育公平的关键要素是以重视儿童早期发展为基础、以儿童为中心。教育公平是社会公平的重要组成部分，关系到每个人的未来发展。教育作为公共产品，在实现教育公平和社会公平方面具有重要作用。早期发展不仅是儿童个体成长的关键时期，也是国家公共教育服务体系建立、完善和保障的关键阶段。因此，以"儿童为中心"的早期基础教育不仅能保障儿童在身心发育上的"不输"，更能保障其成为具有终身学习能力和全面发展的人。另外，以早期发展为核心还可促进教育资源配置，让优质学前教育资源更多地惠及贫困地区和家庭。

国家与社会对教育公平的重视是重要保障，教育公平不仅是教育领域应该实现的，也需要全社会共同关注，并通过政策和制度来保障。首先，通过国家财政投入、政府购买服务、教师和幼儿教师培训等政策措施，提高教师质量和数量。其次，国家不断完善学前教育资源配置系统并制定相应政策来实现优质学前教育资源均衡发展。最后，社会为儿童提供多样化的早期学习环境并支持其参加课外活动以提高认知能力。

同时，加强幼儿教育是国际社会共同关注的话题，教育公平不仅仅是一种理想状态或口号，更应该成为一种现实需要。近年来，国际社会越来越关注幼儿教育公平，世界银行发布的《2018年全球教育展望报告》显示，各国幼儿教育投资占 GDP 比重从 2000 年的 2.5% 上升到 2018 年的 3.4%。2018 年，英国教育大臣宣布将学前教育经费纳入国家预算体系中，英国政府还推出了"学前教育 2.0"计划，在未来 5 年内投入 20 亿英镑，改善贫困家庭幼儿的早期教育条件。澳大利亚政府实施的"学前教育公平框架计划"是目前世界上最大规模的一项公共教育政策资助计划，旨在为澳大利亚学前教育发展提供新思路，该项目将学前教育从社区延伸到了家庭，并重点关注低收入家庭的幼儿。美国的"学前教育公平框架计划"被称为"一场革命"，旨在通过改变幼儿教育政策、教师招聘和绩效评估的方式，让所有孩子都能享有优质的学前教育服务。法国政府投入的力度不断加大，把幼儿教育作为一个优先领域，建立国家、地方和联邦三级教育发展体系，确保每个幼儿都能接受良好的幼儿园教育。

## 第三节 存在的问题与应对策略

### 一、当前学前教育普惠发展中存在的问题

#### （一）学前教育财政投入不足，投入力度不大，投入总量少

我国农村幼儿园的教师工资待遇较低，城市和城镇幼儿园的教师待遇又很高，导致农村地区和城市地区的学前教育发展存在较大差距。在国家财政拨款中，对学前教育的拨款占教育经费比例较低。全国各类幼儿园中的民办幼儿园普遍存在教师队伍素质低、保教质量不高等现象。一方面，国家在学前教育经费投入上缺乏持续性支持、投入力度不足；另一方面，政府和社会各界对学前教育支持力度不够、财政投入严重不足，使普惠性幼儿园建设和发展受到制约。

#### （二）对民办学前教育机构的扶持力度不够，缺乏科学规划与合理布局

当前，农村民办幼儿园的办园规模偏小且分布不均衡，师资力量薄弱且不稳定，缺乏规范化、标准化、科学化、特色化的管理体系。办园规模较小且幼儿教师数量相对匮乏，幼儿教师流动性大，师资水平参差不齐，保教质量较差等现象，难以满足广大群众需求。一些地方的民办幼儿园存在安全隐患，部分家长不认可，社会舆论及媒体对学前儿童身心发展情况关注不够，有些家长不重视孩子在幼儿园里的表现和生活习惯，幼儿园管理混乱等问题明显。

#### （三）部分地区发展不均衡，民办幼儿园管理水平偏低且保教质量低

发达地区的公办学校建设和管理相对规范有序，欠发达地区教育发展相对滞后。农村学前教育机构发展滞后，普遍面临经费不足、运行困难、专业人员

缺乏等问题。我国政府对民办幼儿园的监管体系仍比较薄弱、监管能力不足，对民办幼儿园管理工作的专业性缺乏有效支撑能力，不仅严重影响了政府对民办幼儿园的监管和规范，还阻碍了幼教机构质量与办园水平的提高影响了保教质量和重要工作的推进力度与成效，乃至学前教育质量与综合竞争力的提升。

### （四）幼儿园教师待遇偏低

公办幼儿园教师工资收入水平较低且社会保障制度不完善（主要是社保体系不健全），福利待遇不高，缺乏职业吸引力。同时，民办幼儿园教师的工资和福利待遇低下也严重影响了民办学前教育的健康发展、师资队伍建设以及保教质量的提高和稳定。

## 二、推进学前教育普惠发展的几个关键点

### （一）科学制定普惠政策

普惠政策的实施主要有三种模式，即普惠性幼儿园补助模式、普惠性民办幼儿园补助模式和非营利性民办幼儿园补助模式。普惠政策的实施过程中需要遵循一定的原则，实施效果不能以"普及"来衡量，而应以"优质"来衡量。因此，首先，要确定普惠性政策的发展目标。其次，结合当地经济发展状况和经济水平制定相应的财政补助标准。最后，根据财力、人口增长情况和实际需求合理确定普惠性幼儿园的扶持标准，满足社会对学前教育资源的需要。

普惠性民办幼儿园补助政策实施过程中应坚持公办幼儿园标准、支持和监管并举、分类管理等原则，确保普惠民办幼儿园的质量，发挥政府引导作用，加大宣传力度。明确各级政府间的责任分工。地方各级政府负责辖区内普惠性民办幼儿园的认定、扶持、管理以及监督等工作，教育部门负责对普惠性民办幼儿园保教质量进行监管，民政部门负责对普惠民办幼儿园进行注册登记和规范管理等工作。此外，地方各级教育部门在制定普惠性政策时还应注意：一是结合当地经济发展状况及学前教育发展情况制定相应的扶持标准；二是从实际出发制定具体实施细则；三是充分发挥市场机制作用和社会力量参与监督

管理。

**（二）加大财政投入，保障学前教育普惠发展**

首先，建立和完善财政投入机制。通过制定财政投入标准、落实财政投入责任和建立动态调整机制等措施，加大对学前教育的资金支持力度，增加对农村和中西部地区及经济欠发达地区的财政投入，提高教育支出占比。其次，加大普惠性幼儿园资金支持力度。通过合理核定普惠性幼儿园建设规模控制入园成本，将普惠性民办幼儿园的生均经费纳入公共财政保障范围，促进普惠性幼儿园建设。再次，确保对学前教育的财政投入与经济发展相匹配。通过增加政府购买服务经费、加大对农村学前教育发展支持力度和建立学前教育成本分担机制等措施，实现普惠性幼儿园建设。最后，提高公共教育资源利用效率。通过建立财政资金的多元化筹资机制、健全相关配套政策和完善政府监督体系等措施，提高公共教育资源利用效率。

在普惠学位供给方面，积极鼓励社会力量举办普惠性幼儿园。对办园条件不达标、保教质量不高以及存在安全隐患的普惠性幼儿园及时进行整改升级，达到办园条件；针对非普惠性质的幼儿园，采取相应的扶持政策或补贴措施；鼓励地方政府或民间团体积极举办公办或者其他性质的学前教育机构来满足人民群众多样化、高质量的学前教育需求。此外，通过实施农村学前教育专项工程以保障农村地区学前教育发展不平衡、贫困地区和城乡及乡镇之间发展不平衡问题。同时，加强普惠性学前教育师资队伍建设和管理力度，建立科学合理的准入制度和退出机制等多种措施，保障师资队伍建设和相关配套制度建设。通过加大对农村普惠性学前教育资源供给方面的投入力度和普惠性民办幼儿园扶持、培育与发展工作力度，提高现有资源利用效率和保教质量水平等措施，改善农村学前教育发展现状[1]，并通过实施普惠性婴幼儿托育机构专项行动计划，切实提升乡镇政府对普惠儿童托育服务工作支持力度及加强对社区婴幼儿

---

[1] 李音,任惠,杨晓萍.普惠性民办幼儿园学前儿童语言发展支持评价研究[J].邵阳学院学报(社会科学版)，2022，21（02）：100-105.

照护工作指导和监管力度，解决农村地区普惠性幼儿教育难题。

**（三）规范办园行为，提高保教质量**

建立科学规范的管理体系。按照《幼儿园工作规程》的要求，建立一套符合实际需要、可操作性强的办园管理制度，提高幼儿园办园质量。通过优化区域、园所硬件设施和软件建设，提升办园质量，确保在园幼儿身心健康发展。加强师资队伍建设，加大对教师的培训、培养力度，提高保教人员队伍素质，不断增强教师队伍整体素质和业务能力，为提高保教质量奠定坚实基础。保障幼儿园的健康发展。切实落实《幼儿园工作规程》的要求，制定幼儿一日活动细则；根据园所条件，完善相关设施、设备，加强安全卫生管理和环境创设；定期开展家长及学校活动，促进幼儿园健康发展。完善监督机制。建立健全学前教育质量监测和评价制度；建立健全以县为主的学前教育管理体制和经费保障制度，保证国家关于学前教育的各项政策落实到位，并及时向社会公布工作进展情况。各级教育行政部门对公办和民办幼儿园要加强管理，规范办园行为，依法落实优惠政策措施，将普惠性民办幼儿园基本办园方面的情况纳入到该地区政府的考核中去。

### 三、强化学前教育普惠发展

**（一）进一步提高民办园在学前教育中的比例**

《国家中长期教育改革和发展规划纲要（2010—2020 年）》提出，"大力发展民办学前教育，鼓励社会力量举办幼儿园"[1]。近年来，随着中央对学前教育的高度重视，我国民办幼儿园得到了快速发展。根据国家统计局的数据显示，截至 2018 年底，全国民办幼儿园（不含学前班）的数量达到 142 万所。但从总体上看，我国普惠性学前教育资源还不够充足。为解决这一问题，首先，要完善普惠性政策体系和措施，将普惠性的政策内容落实到具体领域、项目和人员

---

[1] 李双辰，刘登科. 新中国成立 70 年来我国民办学前教育政策演进的历程、逻辑及趋势 [J]. 当代教育理论与实践，2020，12（02）：1-7.

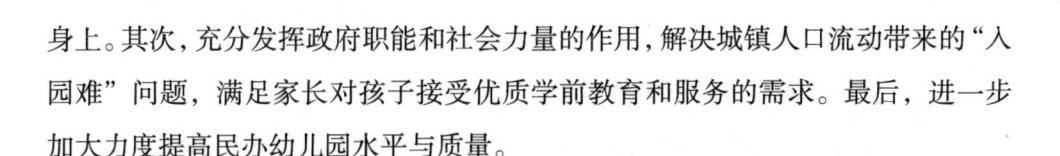

身上。其次，充分发挥政府职能和社会力量的作用，解决城镇人口流动带来的"入园难"问题，满足家长对孩子接受优质学前教育和服务的需求。最后，进一步加大力度提高民办幼儿园水平与质量。

1. 规范收费

我国学前教育存在的问题主要有：学前教育经费投入不足、国家财政投入力度不够、普惠性民办幼儿园占比不足。因此，政府应该加大财政投入力度：一是建立学前教育经费保障机制、多渠道筹措学前教育经费的机制和多渠道落实财政投入增长机制；二是根据经济发展情况和成本等因素定期对幼儿园收费标准进行动态调整；三是对民办幼儿园的收费实行市场调节，完善与教育教学相适应、与家长需求相衔接的幼儿园收费标准和动态调整制度。由于公办幼儿园和民办幼儿园在办学质量、管理水平等方面存在较大差距，需要制定针对民办幼儿园的管理制度、监督机制、问责机制等规范措施。

2. 提高民办幼儿园管理水平

提高民办幼儿园管理水平是教育部门的重点工作之一，随着学前教育的发展和《幼儿园管理条例》的实施，民办幼儿园教师享有与公办幼儿园同等的待遇[1]。近年来，各级各类幼儿园教师逐步纳入社会保障体系，民办幼儿园教师在职称评定、培训学习、评优评先等方面与公办幼儿园教师享受同等待遇，并按照相关规定享受工资、奖金等福利待遇。加强对民营资本进入学前教育领域的政策引导，建立民办幼儿园评价体系，通过开展等级评定、质量评估等方式规范和引导民办幼儿园健康有序发展，加强学前教育管理队伍建设。积极引导和鼓励社会力量举办公办幼儿园和普惠性民办幼儿园，努力构建以公共财政投入为主、以多渠道筹措为辅的投入机制，推进教育信息化进程，大力实施"智慧校园"工程，加快实现教育现代化和学前教育行动计划，加大对农村及贫困地区幼儿园建设的支持力度，不断提高办园条件。实施"互联网＋教育"行动计划，并以"互联网＋教学"为主要内容开展网上教研、培训工作。

---

[1] 李瑛，朱昕旖，朱瑞琛，等．"二孩"政策下民办幼儿园师资队伍建设的问题及对策——基于对巢湖市部分民办幼儿园的调查[J]．教育观察，2020，9（20）：68-70．

## （二）加大普惠性学前教育资源的投入

加大普惠性幼儿园的财政支持力度，继续落实生均拨款制度，鼓励各地采取公办民营、民办公助等形式举办普惠性幼儿园。加大财政投入，通过政府购买服务、奖补政策、派驻公办教师等多种方式，鼓励和引导社会力量参与发展公办园，增加公共服务供给[1]。提高贫困地区的学前教育支持力度，支持农村学前教育普惠发展。健全农村学前教育保障机制，落实乡村小规模学校和乡镇寄宿制学校的扶持政策，按照相关标准支持配备必要的设施设备，并提供普惠性服务，鼓励地方采取购买服务等方式，由社会力量兴办幼儿园。对在乡村地区举办公办幼儿园或普惠性民办幼儿园的事业单位及个人，按照国家有关规定给予财政补贴、税收优惠和其他政策支持，引导农村集体经济组织、社会组织和家庭依法依规提供普惠性服务[2]。强化学前教育督导评估，建立教育督导委员会，负责统筹推进、协调指导、监督检查、评价改革等工作。建立政府主导、部门协作、上下联动的工作机制，形成学前教育发展合力，对各地的学前教育工作实施动态监测和考核评估。建立学前教育信息平台，提高教育现代化管理水平，为科学决策提供依据。健全科学合理的经费投入保障机制和资助体系，完善财政补助、收费减免、奖补激励等政策。健全普惠性幼儿园生均公用经费财政拨款制度，保障普惠性幼儿园正常运转。落实普惠性民办幼儿园认定和扶持政策以及对公办幼儿园保教人员工资倾斜等优惠政策，引导社会力量举办普惠性民办园，解决民办幼儿园教师总量不足、待遇偏低等问题。

## （三）加大学前教育经费保障力度

学前教育的发展与普及离不开国家、地方、幼儿园三方力量的共同推动。中央和地方财政对学前教育的支持力度不断加大，对我国学前教育普惠发展具

---

[1] 孟繁慧.学前教育事业改革发展的问题及对策研究——以黑龙江省为例[J].早期教育（教育科研），2020（Z1）：24-28.
[2] 徐韶华.普惠金融的青海实践与思考[J].青海金融，2018（08）：42-45.

有重要意义。切实加大对公办幼儿园建设和教师编制等方面的投入保障，完善财政扶持政策，在确保基本公共服务均等化水平上进一步提升公办幼儿园和普惠性民办幼儿园的数量。加大对公办园财政拨款和生均公用经费拨付力度，提升公办幼儿园保障水平，保障学前教育教师工资待遇和工资水平，为学前教育教师提供必要的工作条件[①]，将民办幼儿园办成"普惠性"或"高质量"幼儿园，提高普惠性民办幼儿园的占比，全面提升幼儿园基础设施建设水平，继续加强对农村普惠性民办幼儿园发展指导和扶持力度，进一步推动普惠而优质的学前教育发展，完善政府购买服务制度，加大对民办学前机构财政的投入力度，建立健全多元投入机制，进一步提升办园质量。

### （四）完善学前教育财政保障机制

在学前教育发展过程中，政府投入的作用至关重要。政府是学前教育改革与发展最大的支持者，支持力度与支持方式直接影响着幼儿园的建设和办园水平。当前，我国学前教育经费投入主要是通过中央政府财政转移支付与地方政府财政预算中安排的专项资金两种渠道进行供给，前者是中央对地方的转移支付，后者是地方对当地专项资金的投入。当下，我国实施普惠性发展中政府在教育经费保障方面投入不足，尤其是在学前教育财政保障方面更为明显。

我国现有经济社会体制下，中央财政通过专项拨款等方式支持学前教育发展。根据国务院印发的《关于当前发展学前教育的若干意见》规定，"县级教育行政部门要将本地区乡镇公办幼儿园建设纳入教育事业发展总体规划，并作为年度重点任务予以落实"。但是从实践来看，省级政府对本地区普惠性幼儿园建设仍然没有给予足够重视和支持。各级政府也没有充分发挥地方财政投入与管理体制在推进学前教育普惠过程中所起到的作用。具体内容：一是在当前我国经济社会体制下，地方政府财政经费投入受到上级财政经费转移支付压力；二是随着我国教育事业发展、城乡统筹发展与公共资源均衡配置要求，省级、

---

① 郭琦，王国玲，沈玉宝.合肥地区学前教育专业男生缺失的原因及对策研究——以合肥幼儿师范高等专科学校为例[J].安徽职业技术学院学报，2022，21（02）：79-83.

县级两级财政投入保障学前教育事业发展不够;三是由于学前教育管理体制不够完善以及幼儿园收费机制不够规范等原因,导致省级财政转移支付对学前教育事业发展保障不足;四是由于各级地方政府没有充分发挥统筹协调功能和组织实施作用等原因,导致落实上级相关政策上存在"碎片化"现象。

1. 优化各级政府间的转移支付机制,加大对地方财政的支持力度

根据财政部印发的《关于调整中央财政学前教育转移支付办法的通知》规定,自2016年1月1日起,对西部地区省级政府可统筹使用的教育转移支付资金中,用于支持学前教育发展部分占比上限提高至50%;对中部地区省级政府可统筹使用的教育转移支付资金中,用于支持学前教育发展部分占比上限提高至60%;对东部地区省级政府可统筹使用的教育转移支付资金中,用于支持学前教育发展的占比上限提高至70%。目前,中央对学前教育财政投入仍然较为有限。因此,应该进一步优化各级政府间的转移支付机制,充分发挥地方政府财政投入作用,通过建立转移支付制度保障地方财力水平,科学合理地确定各地财政支出结构中用于保基本、兜底线和改善民生方面的预算和支出比重,保障基本公共服务均等化。需要注意的是,在实践中,地方财力有限,难以在财力投入结构上做到均衡,需要根据区域发展需求,合理确定财政支持重点与支持方向、区域与层级间关系以及财政支出效率水平,并建立健全学前教育经费使用监督管理机制。

2. 进一步完善省级层面的财力保障机制,建立多渠道资金投入体系

随着学前教育事业发展,全国各地都不同程度地出现了地方财政"欠账"现象,地方政府债务问题也是影响学前教育财政保障的一个重要因素。为解决这种困境,需要从以下几个方面入手:第一,加大对县级学前教育财政转移支付力度,将县级学前教育财政拨款从中央预算转移到省级预算;第二,对县级财政教育经费投入学前教育予以适当倾斜,比如在生均预算的公用经费中对普惠性幼儿园生均公用经费予以增加;第三,通过完善政府购买学前教育服务制度等方式,加强省级政府推进普惠性发展的组织领导作用,并对各地普惠性发展推进情况进行监督管理;第四,加大公共资源向幼儿园倾斜力度,比如优先

保证公办园的建设用地和教师编制等。根据《国家教育事业发展"十三五"规划》要求，省级政府要积极推动将城镇小区配套幼儿园建设纳入当地经济社会发展规划与土地利用总体规划，鼓励各地积极探索多种途径和渠道筹措资金，解决城镇小区配套幼儿园建设的困难，地方政府可以根据实际情况建立政府购买学前教育服务的制度。

3. 完善政府间统筹协调机制，充分发挥统筹规划与组织实施作用

虽然我国学前教育发展的财政保障已经实现了从省级到地市级再到县级以及乡镇的全面覆盖，但是，省级财政对县级教育部门的经费划拨仍存在管理权限等问题，导致市级财政对县级教育事业经费投入不足，再加上学前教育经费保障不足，地方各级政府也没有足够的动力投入学前教育。为此，应进一步完善我国政府间统筹协调机制与组织实施作用，确保党中央、国务院关于学前教育发展相关政策真正落到实处，强化对地方政府履行发展学前教育责任的监督考核机制。在国家"教育均衡发展"战略背景下，各级地方政府需要强化本地区学前教育发展、城乡统筹与公共资源均衡配置等方面的统筹协调职能，确保中央相关政策在地方得到有效落实，为各级地方政府履行其发展学前教育责任提供保障。针对当前学前教育资源短缺、公办幼儿园数量不足和公办幼儿园供给不足等问题，应充分发挥政府间统筹协调功能，加快推进"两类"幼儿园建设及管理改革步伐。

通过实践与经验总结看出，强化学前教育普惠发展是推动其发展的关键举措，也是提升学前教育普惠发展水平的重要抓手[1]。2018年，《国务院办公厅关于规范校外培训机构发展的意见》等一系列文件出台，进一步明确了保障儿童权利的政策措施[2]。在此背景下，以《教育部关于加强家庭教育工作的指导意见》为指导，通过实施家庭教育提升工程、建设家庭教育支持服务体系、推进家庭亲子关系教育和指导家庭科学育儿工作等举措，为儿童健康成长营造良好环境。

---

[1] 李卓. 改革与发展——学前教育若干热点问题研究 [J]. 现代教育管理，2018（02）：129.
[2] 薛二勇，周秀平，李健. 家庭教育立法：回溯与前瞻 [J]. 北京师范大学学报（社会科学版），2019（06）：12–21.

以儿童视角审视新时代国家发展战略，明确"幼有所育"目标。从国家战略高度审视儿童的发展需求和教育需求，明确"坚持学前教育公益普惠基本方向"，坚持以人民为中心的发展思想，将更多普惠优质的学前教育资源惠及广大家庭、全体儿童和整个社会，建立健全促进科学育儿支持服务体系，提升家庭科学育儿能力。加强家庭教育指导是提高家庭养育水平和质量的重要抓手，推进科学育儿指导工作是提高群众对政府教育服务工作满意度的重要途径。通过完善家庭教育支持服务体系，促进科学育儿水平不断提升；面向全社会特别是流动儿童及特殊儿童、家庭及家长等群体提供公益性家庭教育指导服务体系，为幼儿健康成长提供良好环境；加强家长尤其是流动儿童家长培训学习，引导树立正确观念并掌握家庭教育方法和技能；通过加大财政投入力度等方式保障工作落实和成效评估，不断提升家庭教育指导服务水平；建立完善学前教育资助政策体系，增强经济困难家庭幼儿获得学前教育机会，提升教育质量并促进其全面发展。

结合当前我国学前教育发展的实际情况，提出实现学前教育普及普惠重点工作目标：一是要在全面加强党的领导下深化幼儿园改革。学前教育是教育工作的重要组成部分，必须坚持党对教育事业的全面领导。当前，幼儿园发展不平衡、不充分等问题仍较突出，要落实幼儿园安全管理责任和监管责任，提高保教质量。加强幼儿教师队伍建设，强化保教工作考核，促进幼儿教师专业水平提升，鼓励社会力量举办普惠性幼儿园，加大支持力度；二是要切实提高幼儿教师地位和待遇。健全学前教育成本分担机制，落实公办幼儿园生均公用经费拨款制度，提高非公办幼儿园园长工资待遇，合理确定公办幼儿园和普惠性民办幼儿园收费标准；三是要规范和促进学前教育健康发展。完善扶持政策，加强监管指导，强化质量监测评估体系建设；四是切实增强家长科学育儿意识和能力。充分发挥家庭教育在幼儿成长中的重要作用，使家长成为科学育儿的主力军；五是加大学前教育支持力度。在发展普惠幼儿园的过程中，注重发挥家庭的作用，提高教育质量和效率，关注孩子身心健康成长，形成育人合力。

# 第四章　强化学前教育普惠发展的内涵探析

## 第一节　普及性

### 一、学前教育普惠发展的普及性概述

普惠性学前教育从字面理解,"普"是"普遍性"的意思,也被称之为"普遍"的教学形式,具备"普及"的特性。在学前教育发展流程中以"普惠性"为目标,其普及性内涵的呈现最为直观。由古至今,一直大力提倡教育工作要面向大众,陶行知先生提出的"平民教育""普及教育"便是彰显教育普及的重要观点。学前教育是支持国人拥有良好素质及知识储备基础并顺利进入义务教育学段的支持。普惠性发展需优先保证相关工作的有效推行。随着时代发展,我国教育工作在关注公益性的同时,更关注公平性在各项工作中的重要落实。在任何地区都应合理分配学前教育资源,使普惠学前教育普及全国。

教育的普及性指每个人获得教育的机会更加均衡,在学前教育阶段的施行对象是我国全民,而不是单独由部分民众或部分地区的民众享受,随着教育结构及相关建设的逐步完善,必然会推行至全国各地。普惠性学前教育惠及的个体是个人,但最终会影响社会和国家发展,普惠性学前教育的常态化思想会根植在国民思想之中。

普惠性教育的普及性关联教育接受实行的便利性。多数国民在选择学前教育服务时都会在本地区择优选择,很少有幼儿家长会选择距离过远的幼儿园或其他形式的托幼机构。因此,在普惠性学前教育工作整体规划中,要将"高效

落实，强化普及"作为工作要义，并在初步实现普及后进一步增设符合普惠学前教育要求的幼托机构。不同地区的高收入或低收入家庭均需拥有普惠性学前教育的选择权，才能进一步从"距家远近""服务质量"等方面对教育机构进行选择。普及性内涵的呈现是普惠学前教育逐渐成为国民优质教育选择的先决条件，民众广泛接纳并追求普惠教育，更是为教育普及性呈现提供了需求方向的支持。

**二、学前教育普惠发展中普及性呈现的分析**

学前教育普惠发展的普及性多与场所建设的"便利性"、教育实行的"公平性"密不可分。民众时常思考且集中关注的"入园贵""入园远"等问题是否切实得到解决是普及性的重要呈现。普及性保障了学前教育资源分配的合理及平均，给予各类幼儿接受平等教育机会的支持特性。在设计与建设符合普惠性学前教育场所时，需充分考量建设环境是否良好及周边交通是否便利等影响因素。影响因素大致分为四大要点。

1. 吸引力

我国居民生活水平不断提升，农村居民也纷纷搬入附近城镇的优质小区之中，对子女的未来发展的期望随着时代发展及社会整体经济趋势的变化产生细微的改变。在我国，父母总期望在自身能力范围内给予子女最好的生活及教育资源，正如常言道"再穷不能穷教育，再苦不能苦孩子"。在学前教育阶段，家长也会更多关注配备"名师"或相对知名的教育机构，为孩子的学习成长基础提供更多保障。因此，教育场所建设的整体吸引力，是学前教育普惠发展的普及性呈现中优先关注的内容。普惠性学前教育投入的建设及人员雇佣成本，都是学前教育机构自身吸引力水平的主要参考。建设基于"普及性"，即学前教育机构建设质量要有统一的基础标准，保证普惠性学前教育关联的幼儿园、幼托机构对家长具有吸引力。

2. 应用交通方式克服空间距离的成本

家长对下一代教育的投入是相对"慷慨"的，且具有"不计成本"的发展潜质。

尽管部分家庭经济条件优越，但幼儿父母往往承担较重的工作压力，难以拥有更多闲暇时间陪伴幼儿，上下班难以与幼儿园和学校上下学时间高度重合，无法接送孩子。一般来说，幼儿园会为距离较远的家庭提供园车服务，但因缺少家长贴心看护，部分家庭会担心幼儿的安全。基于普及性的发展需求，普惠性学前教育需重视并有效解决家长的顾虑，选择在邻近更多居民区的幼儿园推动普惠学前教育建设，弱化空间距离及交通成本对家长选择的影响，实现利用"普及"原则最大限度攻克我国幼儿"入园远"的问题。

3. 个体属性

"家庭经济条件"属性在不同地区的家长间存在较大差异。即使是经济条件水平相近的家庭，也会因为个人需求不同而选择学前教育机构的侧重不同，以保证幼儿实现家长期望的学习、成长与发展。通过研究发现，家长对幼儿园的预期立足点一般以自身为中心，但是幼儿园提供服务最终是作用在幼儿身上的，因此，家长需要将立足点放在幼儿身上，打破自己思维所塑造的学习和生活的世界，应将幼儿内在生命世界的建构放在重要位置[1]。将普惠性学前教育普及至全国，是给予更多经济水平原本无法企及优质学前教育的家庭更多符合其期望的选择。学前教育普惠发展的普及性为幼儿及家长提供了更多接触社会不同阶层人士的机会，有利于他们提升自身社交能力和综合能力，能更加适应当下多变的社会发展。幼儿接触不同阶层的同伴，可使其在天真烂漫的成长时期通过简单的游戏及学习互动，掌握友善相处及礼貌待人的社交礼仪，了解更多生活百态，掌握更多生活常识。幼儿家长可通过与更多阶层的家长沟通，了解到不同家庭的育儿经验，开阔眼界，尝试从幼儿角度反思自身的选择是否对幼儿有利。这也是学前教育普惠发展中"普及性"内涵呈现，并引导全国幼儿家长教育辅导素质全面提升。

4. 时间的约束

时间约束是指学前教育本身时长的约束。时代发展至今，学前教育的普及

---

[1] 张蓓蓓. 我国幼儿家长的普惠性学前教育"支付－价值"体验研究[D]. 上海：华东师范大学，2022.

程度已经达到了一定水平,而普惠性学前教育是在传统学前教育普及的基础上,进一步提升优质,推动学前教育普及性的实现。近年来,幼小衔接相关指导政策的接连颁布,体现学前教育的整体强度、内容设计科学度、给予幼儿学习压力程度均受到广大民众的关注。一方面,幼儿园等学前教育机构面对家长对学前教育质量及孩子成长影响的期望,不断更新教学设计,扩充教学知识广度,做到与时俱进;另一方面,保障幼儿不会在学前教育阶段接触过多"超前"知识,避免"揠苗助长"给幼儿带来过多的学习压力。但学前教育的时间是有限的,课堂教学及课外活动的时间同样有限,如何在有限的时间里既保证教学质量,又保证幼儿在"幼小衔接"相关指导的大环境里展开科学、有序的学习,是学前教育普惠发展中普及性需要兼顾的,是影响幼儿家长最终选择学前教育机构的重要因素。

时间、空间距离、教学及环境建设是综合构成民众关注的学前教育服务质量的关联内容,既是促使家长选择并最终做出决定的影响因素,也是学前教育普惠发展呈现普及性的有效兼顾内容。简而言之,在进行普惠性学前教育建设发展期间,上述影响因素关联的各类事项都会在推行工作中予以呈现。只有关心民众生活,心系民众满意度,才能将学前教育发展落到实处,并使每项内容都与"普惠"的核心要素——"普"及"惠"密切相关。普及性的呈现,旨在进一步提升国内各地家庭中幼儿享受学前教育服务的综合水平。以建设为导向推动普及发展之路,切实惠民,并以"普及性"内涵推动学前教育普惠整体发展。

### 三、学前教育普惠发展中普及性关联事项的关注要点

#### (一)问题分析

学前教育普惠发展的主要"竞争"方是民办学前教育机构。相比民办学前教育机构,普惠性学前教育机构的市场效率相对较低,且发展时间较短,单纯依靠市场无法实现教育资源公平分配。所以,推动学前教育普惠发展普及性的实现,需要政府予以干预。国内学前教育市场尽管竞争激烈,但也并非是一个

完全竞争的市场，存在的层级分化是民众的关注所在。市场顶端的服务型城市中生活条件优异的家庭"重视幼儿园教学质量及声誉"，根据这一特点，民办学前教育机构多偏向提升自身教学质量，不计较教育建设成本的投入，因此入园费用相对较高。幼教机构树立"市场发展标杆"式的发展模式，也是市场与消费者互动后最终形成的消费常态趋势。

另外，在市场上学前教育机构服务中家庭对价格并不敏感，使民办学前教育机构拥有更多获取利益的灵活途径。而普惠性学前教育自身追求普及性，必然要面对城市中下阶层及乡村环境的学前教育市场。尽管当下国民生活相对富足，但归属中、下阶层教育市场的家庭对学前教育价格的敏感度依旧相对明显，会集中选择"价廉"的学前教育机构，使学前教育市场在"求质但价格虚高"及"求价但质量不佳"的两个极端中越走越远，这样的发展既不利于幼儿成长，也不利于市场通过创新发展促成良性循环。

普及性内涵关联的问题，主要在于合理调控市场，令各方对市场调整的干预更加自然。但推行教育发展的参与方需理解调控的问题核心——需求决定市场发展走向。民众对学前教育的认知处于"理解教育重要，但对细节安排了解不深"的层次，在做出决定时，多数家长也会秉承传统的教育服务理念，优先比较价格。当普惠性学前教育推行至民众身边时，民众的思维惯性会将其带到偏离正确理解的思路上去，习惯高昂价格对应高质量服务，质疑普惠幼儿园的教学质量。家庭生活水平处于中、下阶层的家长也会接受反向引导，思考教育工作的细节问题。可见，普及性呈现阶段的常见问题，也与家长对学前教育存有的固化消费思想密不可分。

### （二）优化建议

普及性呈现关联问题的优化主要指教学资源的投入，多数地区普惠性学前教育发展需优先攻克的是"入园难"的问题。如果各地普惠性学前教育能切实做到全面激活一切可用资源，开拓相关工作思路，便可在长期建设发展中有效攻克普及性关联的各项问题。

一是以民众居所为单位，建设小区配套的幼儿园，优先解决空间距离的相关问题，也可邀请小区物业共同参与幼儿园的协同管理。此举优先从建设落实层面体现了普惠性学前教育建设的"普及性"内涵。以小区为单位建设学前教育机构，幼儿可在学习成长过程中接触更多与其生活环境相近、家庭条件相近的小伙伴，尽管接触范围缺少了多样性，但有利于孩子建立集体意识，并在日后的学习成长中逐渐意识到国家推行普惠性学前教育政策对自身的惠及影响。

二是可支持幼托、家庭式幼儿园等常规幼儿园以外形式的学前教育机构协同发展。在推行普惠性学前教育优化建设中，会发现部分居民小区周边不适宜建设大规模的学前教育场所。为合理解决此类区域对幼儿园的需求，当地政府可允许家庭式幼儿园等小、微形式的学前教育场所先行提供符合"普惠性学前教育"基础标准的教育服务，并给予一定的财政支持，将其纳入监管系统中，向当地居民展示此类学前教育场所是官方认可且可长期发展的正式教育场所，让家长给予信任。

三是整合当地现有的教育资源，提高利用效能。针对"普及性"推行的另一大问题——"民众对学前教育价值分析思维的调整"，应作为教育场所建设整合后着重处理的内容，给予足够的关注。一方面，可从建园资源活用着手，将小区内部及附近空闲且适宜应用的场所作为建设场所优选的"第一目标"，并落实具体应用。比如上文提及的"小区物业协助参与学前教育场所部分公共区域安全、卫生管理"等建议同样属于资源的活用，可适当着重推行。由此，普惠性学前教育机构的入园费可适当减少，满足较多家庭享受教育服务的基本需求。

普及性是决定普惠性学前教育能让更多人接触的重要内涵，其深刻蕴含在相关建设工作的基础行事原则中，并在各项实践工作中得以很好地展现。相关问题的攻克，关乎我国各地学前教育普惠发展基础的稳固性。在落实相关问题优化规划时，也需结合实际明晰行事侧重，整理资源调用的先后顺序，保证各地学前教育普惠发展的建设推行工作有序开展。

## 第二节 惠民性

### 一、学前教育普惠发展的惠民性概述

学前教育普惠发展的惠民性，即关注民众中弱势群体对学前教育的享受程度，在保证实施结果公平性的基础上，尽可能保证弱势群体优先。近年来，国内城乡各地经济飞速发展，但各地区依旧存有身处生活困境的弱势群体，广受社会各界及普通民众的关注。尽管北、上、广及江浙地区儿童的学前教育接受率较高，但部分省市依旧存在儿童入园率与上述城市差异过大的问题。以往，进城务工的乡镇人员将儿女留在家中，没有给予适龄幼儿教育支持和足够的关爱。据多项数据分析及近年新闻报道可知，我国西部地区及乡村地区留守儿童众多，儿童家庭大多经济困难，难以支持其享受学前教育。而学前教育普惠发展中的"惠"优先指向的是"惠及民众"，而民众中需优先惠及的是家境贫困、缺少父母关爱的留守儿童家庭等弱势群体。

惠民性与学前教育普惠发展的"公益性"及"公平性"存在关联，部分家庭对外界支持的需求迫切，如果不能很好地为民众提供惠民服务，"普惠"也将缺失实行的意义。国家推行义务教育，也是期望国民人均受教育水平逐步提升，保障国民综合素质的基础水平达到相对统一的高度。学前教育普惠发展也有"异曲同工"的实践价值，但在落实阶段部分弱势群体家庭缺少让适龄儿童入园学习的意识，或意识到学前教育参与的必要性，但考量到教育成本的投入，仍然对学前教育"望而却步"。惠民性强调保障"惠及"服务切实符合弱势群体需求，消除其对学前教育准入门槛的顾虑，让"公益性"的服务指标随地区相关普惠学前教育建设需求而变化，最终成为可扎根贫困群众生活，改变其生活态度的重要教育助力。

惠民性对"公平性"的均衡存在推进效果。我国是人口大国，各类公益性教育资助很难惠及到每个贫困家庭，落实普惠性学前教育发展，会很好地保证"助

力支持覆盖范围",均匀覆盖弱势群体普遍存在的地区,展现发展建设的惠民性,使中、低收入家庭儿童在教育服务中受益,无需思考原有知识及见识储备量,更无需思考家境对入园后整体待遇的影响。学前教育普惠发展的惠民性,就是强力消除部分较难全面落实公益性教育发展建设地区的人员"主动获取受教育权"及"被动接受教育成本资助"问题的利器。因此,惠民性作为我国学前教育普惠发展的重要内涵,应着重呈现。

**二、学前教育普惠发展中惠民性呈现的分析**

学前教育普惠发展中惠民性呈现的要点,首先指各地民众需"付得起"。不同收入的国民群体,尤其以贫困户为代表的弱势群体,应可以承受普惠学前教育提出的费用要求。普惠性学前教育关注民众对学前教育成本投入所持有的态度。我国学前教育多由家长直接负担教育服务的费用,虽然整体学前教育逐步朝普惠方向发展,但现阶段无法实现学前教育的"完全免费"。不同地区存在经济差异和民众的生活水平差异,必须扎根民众生活,深度了解民众需求,关注各类趋向"极端"情况的学前教育资助需求。

学前教育普惠发展的惠民性要以民众需求为重。只有民众真正满意,普惠发展才真正称得上"惠民"。满意性的分辨主要应从两个角度分辨:一是幼儿个人感受;二是幼儿家长感受。幼儿在普惠性学前教育中享受的物质、精神服务待遇并无差异,且能获取来自学前教育机构的额外照顾,也属于"惠民"发展的基础延展。幼儿家长获取的感受会更加明显,不仅入园门槛降低,家长的各种顾虑都可以直接向教育服务机构提出。部分贫困地区初步实现普惠性教育工作的推行,但较难拿出额外资金实现每个有学前教育需求的区域,开展新的学前教育场所的建设工作。

当前,我国学前教育阶段的投入现状不容乐观,具体表现如下:一是分担结构不合理,家庭负担沉重,社会力量发挥不足;二是投入水平偏低,投入规模增长缓慢;三是经费流向本末倒置,资本性支出过高,教职工薪资比重不足[①]。贫困区域要优先关注"惠及"方向的发展侧重和"普及"的落实,此举是根据不同地区普惠性学前教育发展需求精心设置,且照顾到弱势群体集中需求的有效落实。回顾"惠民性"关联的"公平性",是在"惠民性"关联的各方面协同并从整体发展中呈现出来。政府的参与让学前教育机会公平地传递至民众眼前,并在后续的发展建设中持续维护学前教育"起跑线"位置的均衡设置。首先,政府应颁布支持政策,让本地区弱势阶层子女及保底收入阶层子女能优先享受普惠性学前教育,提醒民众对普惠学前教育投入足够的关注,体会到国家在子女教育方面延展了学前教育的更多助力;其次,政府应对上述惠民政策的落实情况做好相关的监管工作,给予受惠群众反馈渠道。

"惠民性"不仅呈现在入园受教育机会上,还可额外给予经济支持,并通过"奖金"形式传递;在建设教育场所时,给予师资建设支持。发展普惠性幼儿园,需加强教师队伍建设,因为教师也是受惠群体之一。比如在能力建设政策中强调教师培训[②]。据相关研究了解,城镇家庭获取教育机会相对较多,但城市中的农民工家庭获取学前教育机会较难。在落实普惠性学前教育发展后,更多处于社会中、低阶层的幼儿可轻松进入乡镇及城市的幼儿园,家长也会受到相应关照。当前,我国部分省市将学前教育的发展建设重心放在普惠性发展的推进中,是"惠民性"内涵的有效呈现,部分省市还取消了优质教学示范幼儿园的评比,将扩充学前教育惠及范围工作的优先级提至最高,体现教育服务公平性的举措值得更多地区政府学习。进一步分析取消"示范园"评比工作的含义,主要是带领地区学前教育机构转换发展观念,稳固普惠性学前教育在本地长期发展的推行基础。随着时代发展,学前教育发展的侧重也发生了变化。推行普惠性学前教育发展,是在整体学前教育质效易抓的教育管理氛围下,将"惠民性"这一落实难度更高、兼顾范围更广、推行正面影响更明显的新起点,向全民教

---

① 李芳,祝贺,姜勇.我国学前教育财政投入的特征与对策研究——基于国际比较的视角[J].教育学报,2020,16(01):43-54.
② 王玉飞,李红霞.普惠性学前教育的内涵、特征及其实现路径——基于政策文本的解读[J].大庆师范学院学报,2021,41(01):112-120.

育素质提升方向全速前进。

### 三、学前教育普惠发展中惠民性关联事项的关注要点

#### （一）问题分析

学前教育惠民性呈现的问题，主要是民众对民办学前教育的收费水平存有"普遍较高"的印象。部分收费标准也存在虚高的问题，令贫困家庭、农民工家庭望而却步，难以较快接受学前教育普惠发展所带来的惠及影响。在缺少参与性的基础上，惠民性的呈现自然较难。民办学前教育收费较高，部分地区幼儿园每年收取家长数万元的学费，原因在于政府未能给予学前教育一定的财政支持，建立在小区周边的幼儿园在建设初期交付了较高的办园费用，建设成本最终都会以学费的形式归至幼儿家长。从近年来国民家庭开支角度来看，多数家庭为孩子投入了较多的教育参与成本，资金应用占孩子一年养育费用的一半以上。学前教育作为影响孩子学习发展起步的重要教育阶段，加之家长间存在"相互比较"的心理，最终促成学前教育资金支出负担较重。在学前教育市场竞争中，部分幼儿园本着"通过增量彰显自身教育实力"的思想，额外添加教育活动，丰富整体教育内容框架，向家长收取更多教育费用，这也是近年民办学前教育机构总体收费水平不断攀升的主要原因。如果不能改变学前教育办学思路，推动普惠性学前教育发展建设"遍地开花"，国内学前教育市场的竞争将继续沿着"扩容升价"的"加法"变化趋势一路向前，最终使中、低收入水平家庭难以企及。

惠民性的问题涉及学前教育行业的经济发展，应谨慎处理，杜绝贸然干预市场原有经济发展规律。但在落实普惠性学前教育发展建设时，各地政府也需兼顾"普及性"呈现的需求，保障整体发展建设工作的推进速率。不同地区的学前教育市场结构层级分化中呈现的问题存在差异，需结合实际情况具体分析，有效地攻克层级分化调节问题，改善对幼儿家长带来的教育参与思想的影响。在经济条件水平低及弱势群体特性的影响下，部分国民只有在接受到贴合自身实际需求且力度较大的支持后，才能真正对学前教育"敞开心门"。惠民性的

延展探索也受到相对明显的影响。所谓"惠民"自然是以民众自身需求为重，如何在推行初期向最需要服务支持的群体提供相关建设信息，并通过互动了解真正需要支持人群的大致数量，降低惠民性呈现关联建设工作对建设成本的消耗，是相关工作人员需集中考量的问题。

### （二）优化建议

学前教育的惠民性是保障教育贴合民众参与需求的重要内涵，能切实改善"入园贵"等问题。政府要给予当地学前教育发展足够的干预力度，综合当地教育建设发展需求，将普惠性学前教育机构的教育费用控制在合理范畴之中。

首先，针对需要增建的新幼儿园，政府提供一定财政补贴，合理参照公办幼儿园生均财政拨款标准提供最大限度的支持。新建学前教育场所消耗投入成本较多，可依照"按需提取"的原则把控投入资金的总量，新建幼儿园可预先向周边存有入园需求的民众征求建设意见，并根据调查参与人数和明确表示有入园需求及期望的人数展开整体场所建设中设施、设备添置的规划。政府可通过幼儿园未来长期建设中，对在园幼儿及每年新学期入园调查的执行认真度及民众口碑，了解落实普惠性学前教育幼儿园的工作执行水平，持续给予家长信任的学前教育场所更多形式的补贴，比如教师工资专项补贴及生均经费补贴等。

其次，针对已经建成的幼儿园，按经营状态向其询问是否有转型为普惠性学前教育形式的意愿。如果有转型意愿，可依照相关的补贴政策，对参与普惠性学前教育发展建设的幼儿园提供资金应用方面的支持。同时，政府也可关注转型园的招生宣传，将其列入发展支持列表之中，在后期的各项活动中协助其进行宣传。如果没有转型意愿，也可本着市场调控的原则给予少量的运营补贴，降低在发展并行阶段的学前教育市场中的竞争性。同时，政府应向幼儿园展示转型与非转型二者之间补贴及运营支持的区别，吸引更多民办学前教育机构参与到普惠发展的推动之中。

最后，政府可从宏观的角度给予当地幼儿园办园和经营方面监督及资金协助等多种形式的支持。比如颁布更多规范学前教育财务管理的政策，在给予财政补贴的同时协同建立学前教育发展基金，丰富当地幼教人才培养支持，定期开展优秀幼儿园及骨干教师的评奖活动。

## 第三节 惠济性

### 一、学前教育普惠发展的惠济性概述

普惠性学前教育发展的惠济性相对特殊，主要指普惠学前教育发展定位的摆正。学前教育落实"普惠性"发展，并不代表单纯引导国内学前教育整体走向"公益化"发展方向，各项教育支出均由国家政府供给。学前教育的普惠发展是促成国家学前教育渗透至更多阶层民众的生活之中，知识改变命运，让更多民众在学前教育中，培养有利于后续基础义务教育学习的优良思想及品德素质，便于小学教师进行幼小衔接的管理，利于受教者自身的长期发展。从长远角度看是惠济性的呈现形式；从教育实行角度看，普惠性学前教育发展本身是引导国内学前教育机构向新的发展方向奔进，整体运营性质的改变，将对其他与幼儿教育相关行业的市场经济结构产生影响。原有的市场化学前教育发展结构中"社会资本进入"对教育的影响颇深，推行普惠性学前教育，且地方公共财政协同进入市场，将极大撼动社会资本在学前教育领域的影响地位。普惠性发展代表国家、家庭、社会合理分担学前教育成本，其惠及民众的实效明显，但学前教育市场化发展对地区经济发展提供的奋进活力和强度也会由此衰减。因此，普惠性学前教育发展应秉承一定的惠济性，科学处理好学前教育市场中市场化发展及公共资源使用的平衡性，使整体发展呈现出兼顾地方经济发展惠及实行的特性。

普惠性学前教育的建设是循序渐进的，部分地区学前教育资源有限，贸然投入大量资金开展新园建设、人才培养等工作，将造成严重的成本浪费。惠济性给予普惠性学前教育均衡发展的支持，需各地政府结合自身教育体制及财政能力合理安排整体发展工作规划，尝试从原有学前教育市场化结构的

各教育机构合作企业组成中，探寻符合普惠性发展的延续合作方，在保障惠及地方经济发展的基础上，为当地适龄儿童构建便利、费用合理的学前教育服务。在地方财政对学前教育普惠发展支持规划中，优先分析是否能保障"普及性""惠民性"内涵的有效呈现，是"惠济性"置于二者之后展开分析的主要原因。

惠济性主要呈现在政府、社会经济、教育体系合作推行上，是实现相关工作实行结果的有效呈现。地方政府、社会企业、幼儿家长需秉承相同的思想，在分摊学前教育发展成本的合作中认清自身所处的位置，社会企业及幼儿家长协同考量合作参与强度，并对未来发展及社会经济发展产生何种影响，杜绝"惠己"思想行为导致的合作平衡失调。另外，惠济性引导的发展成果对合作三方的影响，取决于学前教育普惠发展的最终实效。三方在合作中投入的时间、精力、资金成本应以促成最优实效目标为导向，充分实现"透过现象看本质"的长期磨合，并在合作中逐步展现以达到水到渠成。

## 二、学前教育普惠发展中惠济性呈现的分析

学前教育普惠发展中惠济性呈现的实际关联是提升普惠发展工作相关建设的"适度性"。根据我国国情，学前教育尚无法实现"完全免费"，普惠性学前教育的推行代表国家致力提升国民人均教育接受的完善性。与欧美国家相比，我国在公众福利提供方面还有一定差距，尽管我国经济总量已经跻身世界排名前列，但因人口基数过大，人均 GDP 较低，且落实的普惠性学前教育发展建设本身是一项庞大的工程，需要诸多人力、物力予以支持才可顺利实行。因此，侧重"惠济性"内涵相关建设事项的推进，是维持普惠发展长期、可行的重要原则。

惠济性内涵的"适度"开展，具体表现在四个方面：

1. 是经济来源获取的"适度"

达成"惠济性"发展的相关建设事项的落实，间接促成惠济性呈现特性。无论是"学子谋发展"还是"合作促共赢"，经济惠及的影响延展及目标双奔

赴原则都隐藏在普惠性学前教育发展的各项细节之中。通过分析，学前教育普惠发展的经济来源为政府、社会、家庭三方，各方需兼顾自身经济实力，权衡普惠教育领域的投入资金的应用比例。政府对教育事业的关注态度决定对学前教育投入的上限，在权衡惠济性及资金应用科学性后，正式投入往往会略低，但仍是整体建设发展机遇参与投入最多的一方，社会企业参与教育投资是给予企业惠及地方经济发展机会的一种形式。更多基础素质优良的幼儿进入义务教育阶段，后期的学习及个人成长也会更加顺利。且普惠性学前教育减轻了部分贫困家庭及弱势群体家庭的负担，他们可能并未考量让孩子参与普惠教育的学习，但有政府及社会企业支持便能够更加放心地参与到本地学前教育的探索中，社会企业也会在后期收获到"扩大受教育人群范畴"带来的"优质人才人数提升"的惠及效果。更多优质人才没有在幼时因家境贫困或其他困境丧失接受优质教育的机会，地方社会经济将来必然受到人才资本丰厚的正面影响，惠济性便由此展现。可见，适度把控三方教育资金投入，稳固地方普惠性学前教育发展的经济来源，也是惠济性间接引导的一种表现。

2. 是建设推进的"适度"

普惠性学前教育发展应把控住推进速度，合理改变原有市场化的发展氛围。地方经济是决定多数民生发展问题的主要支撑，教育是未来经济发展的影响因素，二者需适当合并，才能保证地方整体发展正向前行。地方政府在延展普惠性学前教育工作规划时，都会第一时间想到鼓励更多适合的社会企业参与到教育建设中并给予支持。但长期获取收益的不确定性较难让社会企业产生参与动力，应对社会企业进行循序渐进的"引导"，这也是当地政府需结合学前教育普惠发展"惠济性"内涵加以深入分析的重要工作。

地方政府多以新园建设、装修承包工作，优先吸引一定数量的社会企业了解地方发展相关教育的整体规划，使"商机"信息广散于各行业市场之中。学前教育自身关联的餐饮供给、设备购置、教育活动场所合作都与地区各行业有关。将信息优先撒向市场彰显惠济理念，更多企业会在权衡利弊后自主前来寻求投资、合作机会。保障适度推行是在惠济的同时，合理规避学前教育普惠发展对教育领域以外的其他行业造成"平衡破坏性"的影响。且"慢工出细活"，政府可在循序渐进的建设推进过程中，对参与企业的运营境况及品牌形象进行分析，展开合作探索的优选。

3. 是服务对象选择的"适度"

此项内容与"惠民性"内涵具有一定关联，但稍微转换经济视角，就具有进一步提升惠及对象选择的科学性期望。普惠性学前教育着重选择弱势群体家庭及贫困家庭优先享受教育服务，不仅有"惠民"目的性，又有"惠济"目的性。能负担普惠性学前教育费用的家庭正常向教育机构交纳费用，教育机构将入园福利更多提供给需要经济福利支持的家庭，更好地促进市场资金流向需要的地方，带动更多民众在地方市场环境中获得奋进激励。简而言之，学前教育支付实力薄弱或缺乏学前教育支付能力的家庭受惠，其子女接受教育，未来会衍生出更多惠及社会经济的正向影响，有支付能力的家庭正常支付普惠性学前教育应付的费用，给予教育领域发展一定资金支持，学前教育人才培养及教育内容扩充等发展也因此受惠。家庭内部形成学前教育开销，父母也会期望实现升职加薪，并在自身的岗位上更加努力，促进市场经济繁荣发展。

4. 是教育发展规划的"适度"

普惠性学前教育的教育质量无需达到"最优"，教育质量优化工作的开展可以循序渐进。在教育开展初期，关系学前教育机构的教育规划应以"惠济性"内涵为重，选择有发展潜力的教师人才，而不是在最初就直接聘用质优价高的专业教员。有条件的教育机构可以聘请专业教员定期到园内予以指导，开设示范课，开阔园中教师及在园学习幼儿的眼界。教育资源有限的教育机构，深知开展相关教育人才培养规划的重要性，但也应分出"轻急缓重"，优先做好幼儿园内部教学工作的优化，人才培养可在后期整体教学发展规划顺行水平上升后再予以执行。总之，要减少普惠性学前教育发展初期不必要的资金使用，科学考量教育发展成本的投入力度，选择正确的投入方向，为后期发展有效固基。

### 三、学前教育普惠发展中惠济性关联事项的关注要点

#### （一）问题分析

惠济性内涵关联的常见发展问题是社会企业整体参与度较低。新时代背景下，我国各行业市场竞争激烈，社会企业追求经济利益属常态，能跳出常态思维协助当地学前教育发展，需要一定的运营实力。部分企业即使具有相应的运营实力，但在充分权衡参与合作后获取的经济利益上限，也较难会选择真正参与到普惠教育发展建设的核心工作之中。在鼓励更多企业参与的各项阶段，当地政府应多选择通过间接延展和给予生产补贴或给予幼儿园冠名的形式对地方企业进行激励，但对地方企业投资意愿促成的影响不甚明显。直接投资吸引力不足，参与教育服务协助的合作企业也是少量。比如幼儿园供餐及应用设备供货本身存在数量上的限制，普惠性学前教育机构运营机制也会导致在合作中，存在政策福利待遇穿插的情况，相较于常规产品销售单，企业多会感到"费力不讨好"。部分地区教育资源有限，政府多次带领社会企业参与学前教育发展建设，企业自身的部分发展需为教育发展建设"让路"，使已经加入合作的企业产生参与的倦怠感，不利于社会力量在长期合作发展中发力。

此外，对于惠济性的人才留存目标，是否能达成多数社会企业也会产生质疑。学前教育距离人才成才的时间较远，即使人才成才也会期望前往大城市谋求更多发展。如果政府不给予相应的政策约束，邀请更多优秀人才优先投身家乡建设，直接建议接受福利的人才前往参与教育发展投资及建设合作的企业中实习、工作，社会企业的整体参与热情也不会很高，且实现追踪探寻人才发展成果的行为成本也相对较高，由企业或政府支付都会对合作平衡产生影响。

#### （二）优化建议

针对惠济性关联问题的影响大多离不开合作互动的调整。结合上述问题分

析，可直接给出以下数项优化建议：

首先，将合作信息予以传播，优先选择自愿参与的企业。常言道，"强扭的瓜不甜"，企业投资、合作同样如此。在同行业中，政府必然有理想的合作企业进行选择，但秉承惠济性关联的各项行事原则，社会企业自身发展的经济收益同样重要。政府应给予地方企业梳理自身发展规划的时间，通过循序渐进的建设逐步吸引更具投资合作潜质的地方企业前来主动洽谈合作。对已参与过建设的企业给予表彰、奖金等形式的嘉奖，且把控好嘉奖时限，在政府能力范围内给予及时的嘉奖，在社会层面营造良好的学前教育合作、投资参与氛围，吸引更多企业加入。

其次，利用参观学习、发展实习、基础岗位留存等形式活动，给予学前教育机构和参与发展建设的社会企业以良好的互动感。参观学习是学前教育阶段可实行的工作，计园中受惠幼儿对企业形成良好印象，令其在日后的人生发展中深刻理解自身受惠于何种文化氛围的企业，初步强化互动感，协同企业收获"回报"感。发展实习是全面覆盖中专、大专、"2+3"等人才发展形式，无论接受福利的幼儿最终发展至何种程度，都可前往参与合作的企业进行社会接触。发展实习的侧重在于发展，而非实习。企业提供的岗位不一定都是基层，可以结合人才所学专业、个人能力水平及未来发展期望，给予换岗实习机会，既可以摆正部分学习态度不端正的学生对社会发展理解认知的作用，也可给予更多志存高远的人才了解本地各行业企业市场发展境况的机会，让人才思考是直接前往大城市谋求发展还是优先在本地积累工作经验。基础岗位留存是直接惠及企业并为企业带来经济收益的一项举措。实习期间人才可体验多种岗位，但真正进入企业就职，还是要从基础岗位工作做起。比如人才在实习阶段表现优异，可凭借学前教育受惠及实习经验两项优势获得"基础岗位留存"的就职机会。后期，社会企业也会本着惠济性关联的行事原则，对此类人才进行重点培养。

政府作为整体学前教育普惠性发展的主要推动方，应承担学前教育受惠幼儿跟踪发展记录的责任，在企业真正因惠济性关联建设事项切实受惠后，邀请企业适当承担起人工、设备、系统建设成本的分担责任，合理推进。时代发展变化日新月异，政府方不应以政策束缚地方享受学前教育的人才留在本地，可与当地企业协同制定人才留存规划以正向激励，让享受福利待遇的家庭不会产生过多压力与负担。

## 第四节 优质性

### 一、学前教育普惠发展的优质性概述

学前教育普惠发展的优质性内涵是对学前教育整体质量的要求。相关教育机构环境建设、设备配备、教学人员选用等工作的质量要求，是学前教育机构整体教育实效体现的影响因素。我国推出关于学前教育发展的相关意见，对各地小学、幼儿园等教育场所的扩建给予相应的关注，但随着时代发展，学前教育的发展只进不退，建设成本愈发增高，在普惠性学前教育发展逐步推行后，各地教育建设侧重也逐渐转至幼儿园。学前教育不同于义务教育，教师需面对缺乏生活常识、自理能力弱且好奇心旺盛的低龄儿童，肩负教育辅导、餐饮、午休等事项的管理且教导幼儿明事理的责任，这是此阶段教育工作的核心内容。普惠性学前教育工作质量的判定，是以幼儿学习感受为辅、实际发展效果为主作为教育参考，无需横向比较，只需纵向比较，与不同时期的"自我"进行比较。

为适应不同地区普惠性学前教育发展建设的基础环境，应合理设置教育实行质量的基础标准作为"保底"，明晰各地开展相关建设发展工作的目标"底线"不同地区的教育建设资源缺乏的境况不同，有的地区缺少优质教育人才，有的地区经济发展水平较低，学前教育发展基础薄弱。为保质保量地完成普惠发展，地方政府应综合考量本地学前教育资源及办学实力，依照优质性内涵的各项标准，合理开展适宜本地教育工作开展的探索及规划。

优质性具有两项值得参考的判定项，但学前教育普惠发展如果要经历长期

推行，政府及学生家长可从"惠济性"角度，分析对应教育工作发展成果是否对地方人才培养、社会经济发展有正向影响。只有秉承创新思维及开阔视野，才能保障当地学前教育普惠性发展长期符合"优质"的评价标准。总之，不能单纯从教育领域分析整体普惠发展是否"优质"，应从多方惠及角度反向思考，给予普惠学前教育发展更多的创新思路。

## 二、学前教育普惠发展中优质性呈现的分析

学前教育普惠发展质量对整体教育发展推行的顺行度具有影响，其呈现相对较晚，因此在最后进行分析。当普惠性学前教育完成基础建设并正式开展工作后，相关事项的分析才刚刚开始。近年来，网络技术及智能手机的普及，令国民获得诸多轻松接触多样信息的渠道。国民的见识涉及领域日益广阔，在育儿方面也会采用更多贴合当代发展的方法，因此，更多学前教育适龄幼儿的思想发展日益飞跃，为我国学前教育质量优化探索带来了更多挑战。但无论是普惠性幼儿园，还是民办幼儿园，民众对学前教育机构教育质量的评判均从两个方面展开：其一为硬件配备；其二为软件配备。硬件配备指幼儿园环境、教学设备、进餐设备、接送车辆等固有内容的配备。随着国民生活水平的逐步提升，更多家长对幼儿园的硬件配备愈发"挑剔"。

民办学前教育机构秉承"提质"方向发展，不断更新园内设施、设备，并提升入园费补充发展的成本消耗。在普惠性学前教育机构中，家长同样会形成教育配备、内容设置质量的关注心理。"普惠"代表"普及"与"惠及"，但并不代表"廉价"。幼儿园教育分为大、中、小班三个阶段，不同阶段的幼儿具有不同的学习需求。因此，幼儿园会全面配备适宜不同年龄段幼儿学习的课程教室、图书阅览室、室内外游乐设施、午休室，部分关注幼儿心理健康及留守儿童社会现象的幼儿园更会配备心理咨询室。普惠性学前教育机构本身收取教育服务费用较低，部分情况下，更会直接减免部分困难家庭或弱势群体家庭的教育活动参与费。因此，服务质量的保持不仅需要政府、社会企业支持，更需要一部分幼儿园教师执行义务服务，从而保持普惠教育机构的收支平衡。一

一般情况下，多数普惠性幼儿园会规避"极端"发展或过早开园，因此，质量水平不足及收支失衡的情况也较少发生。

此外，优质性内涵的呈现更在于对幼儿在园的教育内容添设、幼儿安全维护及多类教育模式应用创新探索等方面。普惠性学前教育机构以时代发展需求为准，会为园中幼儿准备多媒体设备，开设感官刺激相对明显的影音课程，更会适当开展园外教育活动，带领幼儿访问当地知名企业及名胜古迹，或集中参与各类公益活动，锻炼幼儿动手能力。园中会配备健康检查室，室内外的尖锐角也会做安全处理，监控摄像头的配备是相对基础的安全防护内容。园内教师也会根据国家政策的颁布，展开教学形式的创新探索，对已经实行数年的"家园共育""幼小衔接"，每名幼儿教师都能总结出符合自身理解的工作创新实行点，并进一步付诸行动。随着时间的推移和经验的积累，我国普惠性学前教育机构也会凭借工作实行优势，逐步得出适宜自身的优质教育工作思路，惠及更多地区的新园建设，提升国内普惠性学前教育发展推进的速率。

普惠性学前教育发展对民众的影响是逐层递进的，优质性内涵关联事项的实效呈现也相对缓慢。在不断发展的过程中，幼儿园也会关注并尊重幼儿家长提出的建议及意见，做好每阶段的工作优化。由此可见，"优质性"关联的工作开展涉及幼儿家长的感受。优先享受普惠性学前教育服务的多为地区贫困户及弱势群体，这些家长可能没有接受过学前教育，提出的改进建议是基于自身的人生阅历，存在不客观、价值较低等特性，但为保持优质性的呈现，幼儿园工作人员也会以相对耐心的态度进行服务。这些家长多会关注到一些家庭优越家长未曾关注的内容，比如幼儿对生活常识的掌握速率和对待他人的态度。

中、低层收入家庭的家长从事工作多广泛接触社会各层人物，有技术掌握要求特性。常言道，"吃得苦中苦，方为人上人"，他们关注的优质性关联内容也应作为普惠性学前教育发展建设中关注的重要内容。相反，习惯享受市场高端幼儿园服务的家庭中家长的视野更加宽阔，关注的质量优化内容往往为课程内容的多样性，甚至会提出"在园中增建泳池、网球场"等要求，与普惠性学前教育建设发展的基础原则不符，但所体现的进阶发展理念也值得园中工作人员借鉴。只有不断更新学前教育机构建设思路，国内学前教育普惠发展才能走得更长远，并逐渐与国际接轨。

### 三、学前教育普惠发展中优质性关联事项的关注要点

#### （一）问题分析

学前教育普惠发展优质性关联的问题，多与"需求满足"及"成本投入"之间的矛盾有关。近年来，幼小衔接政策的接连更新，使普惠性学前教育发展侧重产生变化。在此阶段，更多与"需求"相关的发展矛盾逐步形成，"巧妇难为无米之炊"的发展现状时刻影响着贫困地区相关幼儿园办学提质发展。详细分析，主要表现为以下几点：

首先，普惠性学前教育发展优质的上限不明晰。生活水平相对优越的家庭对学前教育有诸多需求，在普惠性学前教育建设逐步推行的同时，本着支持政策推行的思想，将幼儿送至对应的幼儿园。后期切实体验园中服务后，对幼儿园教育提质优化发展提出了诸多建议，且部分家长尚不完全了解我国"幼小衔接"政策的具体要求内容，各类改进建议均有"揠苗助长"之嫌。若忽视他的建议，其会对普惠性学前教育机构形成不好的印象，不利于幼儿园的长期发展。教育发展应不断攀登高峰，发展上限不应局限在基础阶层人员的认知中，但向上奋进的上限不明晰，幼儿园不能依照实际情况设置阶段性发展目标，教师自身也会出现迷茫感——"应依照何种速度发展""发展侧重为何""现阶段教育的首要任务是什么"？

其次，普惠性学前教育发展的初阶行事参考不明晰。普惠性学前教育不应以"示范园"教育、管理为参考，过度抬高自身发展参考目标设置标准。但是，如果转向关注家长提出的建议，因部分家长幼儿时期并未接受过幼儿园的学前教育，而是在小学"学前班"直接接受启蒙教育，整体认知与当代发展相脱离，也不利于幼儿和幼儿园发展。因普惠性学前教育机构本身不追求盈利，在发展初阶的行事缺少可参考的对象，如果将其他地区发展较为成功的同类幼儿园的建设经验作为参考，又会因为地区经济发展、市场环境、教育发展、教育资源

差距等因素产生诸多问题,影响幼儿园内部教育发展速度。幼儿园要协同处理"惠民性"相关的各类问题,以免多项问题的堆积导致幼儿园各项工作开展安排的失衡。

再次,普惠性学前教育发展追求质量而忽视效率。尽管普惠性学前教育机构的各项工作推进可循序渐进,但部分地区的相关幼儿园提质建设推进速率不符合民众需求。研究发现,虽然园内资金充足,教职人员兢兢业业,但在整体幼儿园管理过程中,各项大型活动的规划及组织相对滞缓,应和企业、机构合作,让户外活动前往适宜场所,并将幼儿午餐食谱中添加食品企业提供的产品等。谨慎处理每项园中管理、教育工作的态度是可取的,但不应反"资源过度利用""资源浪费应用"之势,滞缓各项发展决策的敲定。普惠性学前教育的发展建设在实现"普及""惠民""惠济"后,"提质"是最后的进阶发展事项,如果"提升"工作推进滞缓,会使整体普惠性学前教育发展退步,脱离时代发展对幼儿教育的需求。

最后,普惠性学前教育发展不能规避家园合作带来的问题。家园合作与尊重家长提出建议不同,需要家长的进一步配合。但部分贫困家庭及弱势群体家庭中父母工作忙碌,较难配合家园合作提及的各类任务。部分幼儿缺少父母陪伴,较易产生"留守"状态的情绪,幼儿自身的情绪发展会更加倾向负面,不利于身心健康,也不利于后续园中其他教育工作的开展。部分普惠性学前教育机构以"家长利用闲暇时间参与园中集体教育活动"的形式转化家园合作,依旧有部分家长无法到场的情况,不利于后续教育体制整体发展的推进,也不利于良好亲子关系及家园互动关系的维持。

## (二)优化建议

普惠性学前教育的优质性内涵支撑其长期、正向发展,其相关问题的攻克也至关重要。从解决"入园难""入园贵"开始,普惠性学前教育的推进意图让普通百姓以较低的成本获得基本质量保证的学前教育服务,推动学前教育公共资源的充足供给,实现社会正义;并基于学前教育的价值提高学前教育质量,充分释放学前教育的外部性,实现学前教育社会功用的最大化[①]。针对上述内容,列出数项和相关的优化建议,以作参考。

第一,以地区例会形式,在确定发展下限的同时,明晰各地普惠性学前教育机构发展的上限。为缓解"入园难""入园贵"的问题,政府持续加大对普惠性学前教育的财政投入,积极推进普惠性学前教育发展,并使其进入快车道[②]。提供有质量的教育是普惠性幼儿园良性发展的衡量标准之一,将提质上限作为例会重点分析内容,是协助地区普惠发展幼儿园规划的阶段性发展,并明晰每年发展任务的支持形式之一。地方政府可设置此类事项讨论例会的固定时间,邀请地区相关学前教育机构管理人员参会并提出分析后的改进建议,保证最终得出"上限"目标设置的合理性。

第二,综合地区各阶层家长提质建议,集中规划均衡提质方案。常言道,"一样米养百样人"。同地区的生活水平不同的家庭都可提出具有参考价值的学前教育改进建议,可在每学期初或新园建设初期以问卷调查的形式,向幼儿园周边有入园期望的家长征得更多有关建设的参考建议。部分家长如果有幼儿教育经验或其他可利用的管理、行事经验,也可直接邀请到园中做相关事项发展的顾问,并延续发展构思,成立家长协作管理会,向更多家长征求改进建议。

第三,邀请家长及当地政府监督幼儿园发展推进,在年中及年尾等时间邀请幼儿及家长开展幼儿园提质、创新发展推进评价活动,并将评价结果结合幼儿园发展总结报告等内容,发到政府相关事项的监管部门,加强政府进一步督促与监管。各地政府和教育主管部门应当就"普惠性"幼儿园应达到什么样的质量标准提出切实可行、易于操作、便于改进且"配得齐"的框架标准,并制定相应的质量保障措施与激励机制,确保每所普惠性幼儿园都是有质量保证的

---

① 王东.普惠性学前教育:内涵与政策意蕴[J].教育科学,2014,30(02):26-31.
② 刘焱,郑孝玲.关于普惠性学前教育公共服务属性定位的探讨[J].教育研究,2020,41(01):4-15.

教育机构[①]。

第四,贴合普惠性学前教育机构面向家长群体的工作规律,合理转化家园合作活动开展形式。家长无暇到园可以在家配合家园合作工作,幼儿园也可以在家长允许的前提下,带领园中幼儿到家长所在的工作场所访问家长,协同开展教育活动,优化亲子关系,有效解决时间安排上的矛盾。

---

① 姜勇,李芳,庞丽娟.普惠性学前教育的内涵辨析与发展路径创新[J].学前教育研究,2019(11):13-21.

# 第五章　强化学前教育普惠发展长效机制建构的学理审思

## 第一节　建构原则

### 一、人本性原则

人生百年，立于幼学。学前教育质量的高低好坏，在一定程度上，可以直接影响儿童的身心发展。如何在儿童幼小时期通过系统的学前教育使孩子的天性得到有效锻炼和解放，帮助幼儿获得更加优质的成长机会，一直以来，都是我国普惠性学前教育重点思考的课题。学前教育普惠发展长效机制的构建，离不开人本性原则的运用，通常是指在开展教育教学活动时，根据不同年龄段儿童的身心特点，采取符合儿童生理和心理变化的教学方式。一方面，通过灵活的教育理念可以有效激发儿童的主观能动性，让儿童自小养成良好的学习习惯和终身学习理念；另一方面，可以帮助儿童解放天性，得到全方位的培养和发展。在最新的儿童教育理念中，3～5岁阶段被认定为是激发儿童天赋和天性最关键的时期，比如音乐、美术、体育等学科的天赋培养，也需要从这个时期开始。通过科学有序的教育手段，能让孩子的身心健康成长。总而言之，通过在普惠性学前教育长效机制的构建过程中融入人本性原则，提高我国学前教育的教学水平和教育质量，让适龄儿童得到良好教育，最终实现长效机制的构建，为我国现代化建设培养更多优秀人才。

**（一）根据儿童的实际情况设定适合的教学目标**

在人本性原则的应用过程中，设定教学目标是完善教学体系的重要前提。目前，我国多数学前教育工作的开展之所以效果不理想，核心原因在于幼儿园领导和教师对学前教育的认识不充分，理解不深刻，认为学前教育的根本目的在于帮助家长看管孩子，顺便完成一定文化内容的教学。这种思路在很长一段时间内，代表着我国学前教育的主流思想，以至于很多幼儿园开设的课程，除了日常组织儿童进行游戏活动外，还会加入一部分小学文化课内容。这种过度小学化的教学模式，虽然可以在一定程度上，帮助孩子完成幼小衔接的知识积累，但实际上却存在拔苗助长的嫌疑，影响了学前教育阶段本应开展的一系列教育内容。为了纠正这些错误的教育行为，营造有利于幼儿健康成长的良好环境，推进学前教育科学发展，自 2012 年起，教育部将每年 5 月 20 日至 6 月 20 日定为学前教育宣传月，目的是面向全社会普及科学育儿知识。

2022 年，教育部颁发《关于大力推进幼儿园与小学科学衔接的指导意见》《幼儿园入学准备教育指导要点》，要求幼儿园从幼儿身心发展规律和特点出发，将入学准备教育贯穿于三年保育教育工作的全过程，渗透在幼儿在园日常生活和游戏之中，潜移默化、循序渐进地帮助幼儿做好身心、生活、社会、学习等各方面准备。在人本性原则的理念下，学前教育普惠发展想要更加长效，就需要通过设定教育目标来帮助儿童提高自身能力。儿童在幼儿教师的带领下，通过完成不同内容的教育教学目标，可以培养孩子的自信心，完善孩子的人格和认知能力，并在不同性质的任务目标实践过程中，激发儿童逻辑思维能力，提高儿童应变能力和综合素质。

学前教育目标设定的是否合适，对于儿童的成长影响非常大。儿童是学前教育的主体，教育教学目标需要与儿童的身心发展状况相结合，只有和实际情况相符的教学目标才能取得最优的效果。如果教学目标设计的过高或过于复杂，儿童在实现教学目标的过程中，就会遇到更多阻力和困难，非但无法帮助其成长，还会使其对学习和各种任务产生强烈的厌恶感。这种厌恶感体现在文化知识的学习中，被总结为厌学情绪。反之，如果教学目标设定的过低或者过于简单，儿童就可能无法在教学过程中得到有效锻炼，甚至还会产生骄傲自满的情绪，认为所有的学习和任务都非常简单，产生盲目自信，缺少努力上进的情绪，也不利于儿童的身心健康发展。因此，要充分应用人本性原则，从实际出发，深入了解不同年龄段儿童的身心特点，学前教师根据每个孩子的性格特征和成长环境做出有效规划。

至于教育目标的设定是否合适，应当如何判断，如何确保教育目标能满足学前教育普惠发展长效机制的需求，需要教师和家长进行深入沟通，切实了解每个儿童的具体情况，包括儿童居家期间的日常生活和行为习惯，平时有哪些兴趣爱好以及家长希望培养孩子的哪方面天赋和特长等。再根据儿童的个人情况制定相应的教学目标，完善教学过程，并与家长沟通确认后，按照制定的目标开展后续教学活动，不仅可以和家长形成更加紧密的配合，体现家园共建的普惠性教育理念，也可以让每个儿童自身的主观能动性得到激发。

在与家长沟通后，如果了解到儿童会在周末时间参加某类兴趣班或特长班，教师在日常教学环节也可以为儿童设定相关的教育目标。比如每天为其他的小朋友演唱一支歌曲或者进行一段诗朗诵等；参加体育类兴趣班的儿童，也可以在日常的室外体育活动环节，为其设定相对高一些的教育目标。通过这种方式，不仅可以让儿童的兴趣特长在日常学习和生活中得到展现，对于没有参加课外学习的儿童而言，也能起到一定的带动作用。教师的主要工作就是要通过设定目标来帮助儿童进行成长，需要把控目标的高低和标准的难易，使每个儿童的发展更加平衡，减少一部分孩子在幼儿园学习中"吃不饱"或者"吃太撑"的情况，这种根据儿童自身属性制定目标的方式也是人本性原则最为基础的体现。

**（二）通过合适的教育方法进行因材施教**

儿童的家庭环境和成长经历不同，会形成儿童自身独特的性格特征。不同的性格在接受教育时会呈现出不同的状态，要求学前教师在开展教育工作的同时，做到以儿童为本，因材施教，确立儿童在学前教育活动中的主体地位，并且使人本性原则得到更好的彰显和落实。

在传统的学前教育理念中，教师通常会选择严厉的教育方式看管孩子，用既定的教学流程约束孩子。事实证明，这种教学方式对于多数儿童来讲，过于严苛且缺少灵活多变，还会引起儿童的抵抗情绪，就有可能适得其反。所以，学前教师需要先转变教育理念，重新树立符合当代的教育思维，深入学习人本性原则的应用优势，帮助每位儿童正确且快速地进行成长。比如有些孩子天生的性格特征就不够积极，甚至还会有一些内向，在参与各种集体活动的过程中往往表现欠佳，完不成教师安排的任务。遇到这种情况，传统的教育方式需要教师直接指出儿童的错误，教导儿童进行改正，但并不能真正起到指导性的教育作用，相反还不利于儿童的身心健康发展。

基于人本性原则，学前教师应该根据每个儿童的性格特征来选择不同的处理方式。如果孩子的性格比较强势，甚至比较倔强，那么教师就可以通过适当的激将法来激发孩子的好胜心，反之，如果儿童的性格比较内向，教师就不能轻易批评，要有耐心地对儿童进行教导。其中的差异在于，性格比较强势的孩子在家中也是说一不二，要么是家长过分宠溺，要么是没有找对正确的教育方式。一旦教师没有对其进行很好的约束，就会助长这类儿童的骄矜之气。反之，相对内向的孩子性格偏弱，是一种缺爱的表现，教师需要通过温和的语气和温柔的表情让孩子感受到教师给予的温暖，让孩子认为教师是可以信任和依赖的人，只有形成了这种信任，才能打开内向型孩子的内心进行更好的沟通。对于不同性格特征的儿童采用适合的教育教学方式，就是一种教育资源的有效利用，也是人本性原则的具体体现。一切做到以人为本，以儿童的身心健康发展为本，也是学前教育普惠发展、实现教育公平、形成长效机制的有效途径之一。

**（三）要重视儿童的身心全面发展**

学前教育的人本性原则是坚持以人为本的理念采用适当的教育模式，对幼儿的教育教学做到全方位发展。如果幼儿园和学前教师只是单纯地将一些小学低年级的文化知识教给孩子，而没有教导一系列做人的道理，那么在这种模式下培养出的儿童，在性格和处事能力上都会存在一定缺陷，既不符合我国教育体系的人本性原则，也不符合普惠性学前教育长效发展机制的构建原则。因此，想要充分表达人本性原则就需要在开展一系列文化教育的同时，将德育教育、美育教育融入其中，充分利用立德树人的教学理念，让孩子从小养成善于思考、明辨对错的好习惯，并让孩子参加更多的社会实践活动，通过一系列的实践和探索主动接受社会层面的支持，使儿童的身心得到全面培养，幼儿的动手能力和处理问题的能力也同步提高。

另外，在注重孩子的身体健康问题时，也需要关注孩子的心理健康。对于学前年龄段的儿童来讲，心理状态不健全是一种常态，在面对各种突发情况时会表现出恐惧、害羞、不知所措等反应。这种反应是正常状态，无论是教师还是家长，都不应对孩子过分苛责，而是应该循循善诱，站在孩子的角度去思考，从孩子的实际情况出发。明确原本性原则就是要确立儿童在学前教育体系中的主体地位，而普惠性教育和长效机制的构建一切都是为了孩子，并培养"德智体美劳"全面发展的好苗子。

总而言之，人本性原则在学前教育阶段的应用，主要体现在学前教师要摆正儿童在教育体系中的地位。幼师在进行教育时要心中有孩子，将孩子放在心上，站在孩子的立场上，使自身工作的开展贯彻人本性思想。也只有充分应用人本性原则，才能构建学前教育普惠发展长效化。换言之，教师需要帮助幼儿养成自主获得知识的好习惯，确保其处于全面发展的状态，鼓励儿童培养更多的兴趣爱好，只有做到因材施教、因人施教，才能最大限度地体现人本性原则。同时，人本性原则也需要应用在儿童的课余生活教学中，要和社会的实践教学进行紧密关联，为儿童营造良好的教学氛围，使其身心特点得到自由发展。这种顺其自然的思路，才能做到教育的长效化。

**二、发展性原则**

发展性原则也被称为福禄贝尔学前教育理论的基本原则，主要包括顺其自然、发展性和自我创造三个环节，强调对儿童主观能动性的培养及儿童个人理想和综合素质的塑造，希望通过该教育理论培养出更多有自由意识和自觉精神的优秀人才。发展性原则是我国当前教育事业，尤其是学前教育阶段最为欠缺的内容，其教育理念和实践方式，可以有效促进我国学前教育事业的发展。弗里德里希·福禄贝尔是德国教育家，在19世纪上半叶创造了一系列教育理论，是近代学前教育相关理论的奠基者和完善者，并创立了世界上第一所幼儿园。幼儿园的创立，代表着世界幼儿教育体系的形成，对于全世界学前教育理论的构建都有着极为深远的影响。此外，福禄贝尔的一系列学前教育理论和相关原则，也吸引了大量教育家的追捧和认可。

### （一）顺其自然的学前教育

如果说学前教育和其他阶段的教育存在最本质的不同，就是学前教育真正做到以受教育者为主体，以儿童自身的特性为前置条件来开展一系列的教育教学活动。福禄贝尔学前教育理论中的顺其自然原则，主要是受到了费希特行动哲学和谢林的自然哲学影响。在西方的哲学思想中，认为神性是人性的本质和根源，因此人性本善。而幼儿阶段，正是人类最具神性的阶段，也是教育发挥引导儿童向善最为重要的阶段，开展的教育教学工作应当是和自然更加顺从的，对儿童要形成一定的防御机制和保护机制。该原则认为一切中断的、有指向性的、绝对的和干预性的训练，都会导致儿童自然天性被毁灭、被阻碍、被破坏。

福禄贝尔很早就感受到了所谓自然和人类心灵之间的关系，不只体现在哲学理论中，而是无处不在。因此，他也提出了学前教育需要将人和自然融为一体，这种思想和原则正和中国传统文化体系中，道家提倡的天人合一有着极高的相似。也正是这种认知，使顺应自然的教学原则，不断强调学前教育活动，应当尊重教育主体的个人意愿，应当让儿童对自己的行为具有一定的掌控权和决定权。儿童进行自主实践活动时，教师和家长不应当盲目干涉或者过分干预。只有在这样的环境和氛围中，儿童才能真正认识自己，启发属于自身的天赋和潜在力量。

在福禄贝尔的理论中，幼儿天赋的训练和养成是一种人和自然交互的关系。

在这种交互的过程中，一旦出现过度的人为干预，就会导致天赋成长出现偏差。因此，他在开办幼儿园时，每周都会带领儿童亲近自然，到郊外进行玩耍，而玩耍的形式就是让儿童自由的选择行为方式，培养儿童独立思考的能力和自主学习的习惯。在这种教育原则下，儿童自身的情感认知能力可以最大化地释放，并且这种亲近自然的行为也遵循了儿童身心成长的本性。

**（二）发展性的学前教育**

当前教育界，教育教学工作的深化改革或教育进化理论已经成为众所周知的概念，在深入人心之前，也是福禄贝尔在教育界首次提出的。他认为，人类的教育工作需要随着时代和社会需求的发展而不断变化，只有通过不断的进化，保持其发展性才能更好地完善教育理念和教育方式。并且认为人类具有与生俱来的渴望健全和完美的思想，这种思想如同人类的发展过程一样，经历了不同阶段并不断完善，从简单向复杂进化，从低级向高级进化。如果将人类的成长过程理解为一个持续进化的过程，那么人类所接受的教育也需要具有足够的发展性。这种发展应当根据受教育主体的变化而变化，并根据受教育的不同阶段而发展。

在其理论中认为，人类初期的发展可以大致归纳为四个阶段，包括婴儿期、幼儿期、少年期和青年期。每个阶段，人类需要接受的教育内容存在差异，而各阶段间又不是孤立存在的。因此，需要确保每个阶段所受到的教育可以相互过渡，并内在形成联系。如果其中某阶段的教育出现了偏差，就必然会导致教育最终目标的偏离。该理论，并不提倡从小就对正常的儿童开展特殊教育，也不提倡对低龄儿童进行超龄教育，即不要过早地让儿童接触人为环境影响下的各种科学文化知识，避免出现教育早熟的情况。

福禄贝尔认为，儿童的早熟现象是不符合儿童身心发展规律的。即便是儿童在幼儿时期，表现出了某方面的天赋和特长也不应该过早地进行揠苗助长。这种超前教育的行为实际上是在消耗儿童和大自然之间的联系，同时也是在消磨儿童所具备的特有神性。福禄贝尔所提倡的发展性，是希望通过采取相对普适性的方法，在人与自然的对立和调和中形成一种平衡的发展逻辑，这种发展逻辑是人类一切行为的原动力。

在福禄贝尔的发展性原则中，认为儿童的一切思考和行为都是受到了外界刺激后形成的下意识反应。儿童只有受到了外界的刺激，才会产生了解外界的动机，并对外部环境和事物进行思考，进而，将自己对外部事物的认识通过语言或各种行为方式进行表现。从外部环境的刺激到儿童的表现，每个环节都不是独立的，也不是断裂的，每个后续的阶段都是以个别先行的生命阶段的强有力的、完全的和特有的发展为基础。福禄贝尔认为，学前教育最根本的目的，就是要帮助儿童进行对外部环境的认识，并且展现自身所具有的不同天赋。这种天赋的形成，绝对不只是某方面的刺激和影响，而是需要将整个教育工作当作是一个完整的系统，其中的每个环节都存在意义并形成一种逻辑连贯。

### （三）自我创造的学前教育

福禄贝尔认为，创造性的活动是人类区别于其他动物最本质的核心，而创造性的教育则是人类一切教育活动最重要的方式。在西方的神学思维中认为上帝创造了人，并且是按照自己的模样进行创造的，因此，人类需要像上帝一样进行创造。在这种哲学思想前提下，人类的一切生存活动都具有了多重属性和不同意义。而这种教育行为是人类继承和延续文明的最重要形式，也是人类必须从事创造性活动的关键前提。福禄贝尔认为，人类从生到死所进行的一切生产和劳动，根本目的并不是为了满足衣、食、住、行等各种生理需求，而是需要利用有限的生命来展现已经存在于人体内部的神性，而生活中的一切劳动和行为都是人类进行自我创造的一个过程。这种创造才是人性最根本的需求，同时也是教育事业激发人性的最初立足点。因此，该理论提倡幼儿应当通过学习和实践来进行自我认知，在学习和认知过程中，明确自我创造的价值和意义，只有让儿童进行自我思考和自我探索，才能真正体现自我教育，并让儿童形成自主认知。在现代教育体系中，这种自我探索得到的知识和经验远远要比被强迫学习来得更加深刻。

此外，福禄贝尔还特别强调在学前教育阶段，家庭环境对儿童自我创造能力的开发有着决定性的影响，并且曾经表达过："国民的命运，与其说是操纵在掌权者手中，倒不如说是掌握在母亲手中，因此我们必须努力启发母亲，这些人类的教育者。"可以说，在他的理论中第一次真正提出了现代教育体系中家庭因素的作用和影响。另外，他也对将创造性活动作为日常教育的方式进行了充分肯定，认为在学前教育中，组织一系列能启发思维的创造性活动具有重要意义。之后的很多学者认为，在当时的历史背景下，福禄贝尔所提倡的创造性，很可能更加倾向于让儿童通过实践来学会制造某些物品。而这种制造行为与现代教育体系中倡导的创造创新有着本质的区别。不可否认，这种理念仍然是儿童身心发展过程中不可缺少的元素，也是学前教育活动的重中之重。福禄贝尔学前教育理论所提倡的顺具自然原则、发展性原则和自我创造原则，其核心逻辑就在于教育理念和教育方式应当根据教育主体的实际情况进行改变。虽然相关理论已经诞生超过半个世纪，但其中的很多思想一直沿用至今，也是强化我国学前教育普惠发展长效机制的重要前提。

### 三、创新性原则

21世纪是知识经济的时代，也是人才爆发的时代，人类只有依靠不断创造新知识，才能实现可持续发展，给人类带来很多全新的机遇，也必然会面临很多严峻挑战。创新是新世纪最重要的社会属性，也是人才培养最显著的特征。在任何一个时段，培养学生的创新精神，提高学生的创造能力，不仅关系着个人未来的发展，同样关系着中国特色社会主义现代化建设的最终成果。

社会的进步离不开创新，而创新教育又是发展创新的重要基础。学前教育在我国的发展一直都相对保守，尤其是对儿童的创新意识和创新能力培养重视程度不够。可以说，只有创新教育、创新学习，才能在知识经济社会中加快接受新知识的能力，并加入创造新世界的浪潮中。学前教育阶段要实施创新教育，就要重视教师的指导作用和对幼儿综合素养的提高，营造更加浓厚的课堂教学氛围，开创全新的教学活动形式。只有将创新性原则充分融入课堂教学活动中，才能培养出更加具有创新意识的新一代人才，为我国普惠性的学前教育长效化发展奠定基础。

### （一）传统教育理念下学前教育面临的困境

当前，我国学前教育普惠发展之所以很难完善，最重要的原因在于传统教育理念和时代发展背景已经形成了明显脱节。随着我国不断推行素质教育，很多带有创新性的教育理念已经成为学前教育的重要基石。很多教师在尝试创新教育方式后，体会到教学质量的优化提升对幼儿身心发展的帮助。但是目前受到各方面因素的影响，传统的学前教育理念仍然在多数幼儿园实施，很多教师仍然采用"填鸭式"的教学，让儿童过早地接触小学文化课知识。另外，很多幼儿教师对儿童的日常保护过度，影响儿童心理素质的全面发展，儿童很难在课堂上有充足的自我思考时间，也无法在实践和活动中感受大自然，形成创新思维和创新能力。虽然目前很多幼儿园都在学习各种先进的学前教育经验，并尝试将各种教育理念和教学模式进行融合，但是学前教育作为一项公众参与属性极高的活动，如果无法从根本上加入创新教育，就无法真正解决核心问题，不利于儿童创新创意思维的养成。还有一部分教师的教学模式已经完全无法适应全新的学前教育理念，不仅教学模式呆板，教学方法固化，还缺少符合适龄儿童趣味性教学氛围的打造。如果学前教育无法激发儿童的学习兴趣，必然会在一定程度上阻碍儿童的学习习惯的养成，不利于终身学习意识的培养。

### （二）树立全新的创新创意教学观念

树立全新的创新创意教学观念，可以包含两个维度。

第一，树立主体性，教育观念将创新教育作为以人为本的主体性教育得以实现。因此，学前教师需要将每个儿童看作是一个独立个体，并对其保有足够的尊重。师生之间需要建立起一种更加平等的互动关系，这种关系的转变会使儿童从以往被动接受教育的角色转变为主动吸纳知识的角色。教师的工作性质也会从传统的知识传授转变为调动儿童的主观能动性。在这种创新教学观念下，儿童可以通过主动学习来培养兴趣爱好，激发自身所具备的各种潜能。儿童期相比其他年龄段，最为显著的特征是思维模式还不成熟，但对外部环境抱有强烈的好奇心。这种性格特征导致每个孩子都喜欢探索和发现，喜欢新鲜事物并利用各种形式来改变自己，尤其是对陌生且新鲜的问题能抱有浓厚的兴趣。其中，比较具有代表性的一点就是同样一个玩具在不同的应用场景下，儿童会将其当作不同的事物来对待。比如一个简单的木棒，儿童会在游戏时模拟成金箍棒，也可以模拟成木马。这种行为就是儿童创新能力的表现，也是儿童思维活跃的体现。在学前教育环节，教师需要清晰地认识到这种行为所代表的含义，并且，在教学过程中保护儿童的创新意识和创造表现，只有帮助儿童形成稳定的行为习惯和思维模式，才能激发出长效且持久的创新力和创造力。

第二，在于帮助每个儿童树立正确的教育观。教育观的塑造不同于生活习惯的塑造。生活习惯的塑造是让儿童在日常生活中，通过反复进行某种行为来养成习惯，而教育观的塑造是需要儿童深刻地体会教育教学具有的丰富性和创造性。儿童作为学前教育的主体，即使思维模式不够成熟，但仍然是一个独立的个体和生命，因此教育者需要尊重这一现实，将儿童群体当作是声音的主人。同时，教师还需要了解儿童本身所具有的符合其年龄属性的身心特点。通过纵向对比发现，当前，学前阶段的儿童相比以往的80后和90后，在这一阶段所表现出的思维能力更强，接受新鲜事物的能力也更强。很多人认为，这是由于物质生活水平的提高，儿童的营养更加充分，激发了儿童的智力成长。还有一部分人认为，这是由于当前的儿童可以通过更加多元化的渠道接收大量信息。比如利用手机和平板电脑打游戏、刷短视频，无形中完成了学前教育工作的任务。但不可否认的是，我国当前的学前教育体系也在快速完善，各种创新创意教学不断填充，利用互联网渠道和信息化技术的教学模式成为我国学前教育普惠发展长效机制构建中不可或缺的元素。

### （三）创新性原则营造良好教育氛围

创新性原则营造良好的教育教学氛围，体现在多种解放思想中。

1. 解放学前教育的课程目标

学前教育的创新工作可以理解成是一种渗透性的教育，利用润物细无声的方式改变儿童的学习和生活习惯。因此，在为各科制定目标和选择教育内容时，幼儿园领导和相关教师需要有计划地结合创新教育思想渗透创新教育要求，通过丰富教学内容的方式营造一种适合儿童成长的教学氛围。比如结合教育内容编写小故事，让儿童进行表演。再比如结合教学内容，利用猜谜语等游戏的方式，让儿童参与其中。又或者，将文字内容利用音乐的形式进行展现，与音乐教育相结合。教师也可以组织儿童进行绘画创作，制作各种小玩具和小工具等，不仅可以丰富学前教育的课堂形式，也可以激发儿童的学习兴趣和课堂参与度。

2. 解放孩子的双眼

儿童观察社会、观察世界的视角和成年人是不一样的。在孩子的眼中能清晰地感受到对新鲜事物的好奇和渴望。这种好奇和渴望就是最好的老师，学前教育工作者需要完成引导，帮助儿童学会观察外部世界，分析自己遇到的各种情况。比如利用幼儿园内部的各种环境和事物，引导儿童加强对各种色彩的认知；通过观察各种植物，让儿童亲身感受季节变化的特征；安排各种课后作业，让儿童将自己见到的各种场景进行观察和记忆，并在课上通过口述的形式完成交流。这样不仅可以有助于儿童开阔眼界，还可以帮助其认识社会和积累生活经验。需要注意的是，教师不能通过自己的眼睛代替儿童进行观察，也不能将自己的认知强加给儿童，而是需要转变角色，让孩子的眼睛发挥作用。

3. 解放孩子的头脑

创新原则在普惠性学前教育的应用环节体现在两个维度。一是通过创新型教育让儿童的大脑得到充分锻炼，发挥儿童的想象力和创造力。比如通过联想模拟训练，让孩子对自己看到的各种事物展开一系列合理联想，或者逻辑通过推理训练，激发儿童创造性思维方式；二是帮助儿童清理大脑内部的冗杂思想。

尤其是很多儿童都有玩手机和玩电脑的不良习惯，每天都会花费大量的时间接受碎片化的信息，久而久之，就会使儿童的专注力下降，甚至思维能力也会变弱。为此，教师还需要利用一系列强化儿童专注力和思维能力的游戏改善这种不良习惯。

4. 解放孩子的双手

解放孩子的双手重点在于培养儿童的实际动手操作能力，尤其是要从自己的事情自己做开始，改变儿童的生活习惯。很多儿童在刚刚进入幼儿园时，还缺少足够的自主生活能力，不会穿衣服、洗手，甚至不会吃饭。这种缺乏行动能力的孩子创造性必然不足，要解决这种情况最直接有效的方式就是给孩子安排更多劳动的机会，通过大量的练习让孩子变得更加勤快，并且教师还需要通过语言评价等方式，为孩子树立正确的价值观，形成劳动光荣的思维理念。

**（四）创造性原则提高幼儿园综合办学实力**

学前教育的普惠性发展必须从自身做起，尤其要提高自身的整体综合实力。高质量的幼儿园最基础的需求就是要有完善的配套设施，包括教学设施、游戏设施、休息室、饮食设施、启蒙设施和交通设施等。从外部办学实力来讲，幼儿园首先要加强自身硬件环境的建设，能为孩子提供更好的保教环境，且安全、快乐、轻松、开放。从软件文化建设方面来讲，幼儿园需要具备一支高素质的教师队伍。不论是幼儿园的管理者，还是教学工作的实施者，都需要具备先进的学前教育意识。管理者要强化保教意识，服务团队要形成服务意识，教学团队要具备教学意识。通过教学目标的设定和教学内容的完善营造一个自由平等、开心快乐的学习氛围，还需要幼儿园重视团队的内部培训以及能力提升，紧跟时代发展的需求，更好地促进学前教育事业的发展。

学前教育的普惠发展不断地融入科学教育。近些年，随着科学技术的飞速发展，幼儿园的学前教育也在积极尝试与科学教育进行融合，并且已经成为我国学前教育深化改革创新的一种重要思路。有些幼儿园在实践课环节融入了带有科学属性的小实验和游戏活动，在保障儿童安全的前提下，可以激发儿童的学习兴趣以及探索欲望。比如在课堂上让儿童使用放大镜来观察，使用带有磁性的玩具来摆造型。这种教学方式，不仅可以满足孩子的好奇心和探索欲，还可以锻炼孩子的动手能力和思维能力。这些趣味性的小游戏以及带有科学属性的活动设施，可以将学前教育中的很多教学目标进行串联，让儿童从自主探索开始，发现问题并解决问题，形成一个完整的逻辑闭环，并在这一逻辑中通过参与活动获得成功的体验，使其身心愉悦，促进儿童的全面发展，有利于构建长效的发展机制。

**四、实践性原则**

实践性原则在学前教育普惠发展长效机制的构建方面应用非常广泛。现代教育的一个非常明显的特征就是整个教育系统要比以往更加开放，对于不同学段的教育体系而言，都非常注重相关资源的整合。在学前教育阶段，很多幼儿园也发掘了全新教育理念应用的优势，立足于大教育观，努力发展更多的学前教育资源通道并主动融入社会，从原本的封闭型发展方式逐步转向开放型，从单一化发展逐步转向多元化。其中，最具代表性的实践性原则就是对幼儿园、社会和家庭三个大环境的资源进行整合，这也是普惠性学前教育深化改革的一次尝试。

**（一）教育资源实践性整合的思路和方式**

社会资源的整合本身就带有实践属性的标签。在整合学前教育资源过程中，首先，推荐的是多渠道的信息互通模式。学前教育想要完善信息化属性，需要开发幼儿园与家庭之间的互动模式。相比传统学前教育，信息互通是指幼儿园教师和家长之间建立起一种全新的合作关系。在具体的实践模式中，幼儿园可以开设"我和您谈谈"栏目，由教师扮演主持人的角色和家长进行深入沟通互动，让家长了解幼儿园开展的一系列教育教学活动，明确相关教学活动的目标和意义，让幼儿园和家庭形成更加紧密的互动关系。

其次，是幼儿园和社会层面的互动。幼儿园作为学前教育的参与主体，也是一个社会教育机构,应当实行门户开放政策,发挥正规教育的主导作用。这种教育理念和教育方式的主导,有助于让社会各界了解幼儿园的办学宗旨和我国当前学前教育普惠政策的推广以及我国普惠性学前教育长效机制的构建模式。

幼儿园和家庭、社会这两个资源主体搭建起完善的沟通渠道后,还需要建立起全方位的资源共享模式。幼儿园可以对社区显性资源进行有效利用,将自然环境融入幼儿日常实践活动中。更多的社区资源可以向儿童展示更多具体生动的学习内容,营造更加贴合大自然环境的活动场所。幼儿园也可以将社区潜在的教育资源进行有效挖掘,包括社区的自然环境资源以及人文环境资源等,都可以和不同学段的学前教育活动进行结合。比如根据孩子的年龄,展开不同程度的户外探险活动,让孩子可以在相关教育活动中,不断了解社区存在的意义和价值。在家庭教育资源的开发方面,幼儿园需要和家长对育儿思想和育儿经验进行沟通,对缺少经验的家长,幼儿园有义务进行指导和分享。对经验丰富的家长,幼儿园可以听取这些家长的相关意见。

**(二)学前教育资源实践性优化的思路和方式**

学前教育资源实践性优化策略的展现方式,可以有计划地拓展幼儿教育空间。在丰富园内活动环境的同时,各幼儿园应当以不同的体育运动项目为发展特色,对幼儿园内部环境进行一系列改造。为了让幼儿园内部的所有建筑和区域都具有相关属性,可以选择物尽其用的方式。比如设计高度不一的台阶,让儿童进行跑跳训练,对不同年龄段的孩子,产生不同的吸引。如果教师可以借助一些日常生活中的工具营造出带有鲜艳色彩感的活动场地,就可以极大地激发儿童参与积极性,并且开发创新型游戏和娱乐模式。

需要注意的是,幼儿园对自身内部环境的规划需要具有前瞻性和科学性,并且活动空间的设计也要有立体性和层次性,更好地满足不同运动项目所实现的教育属性,使其成为学前教育资源实践性的有效展现方式。近年来,很多幼儿园都在尝试和一些运动品牌进行合作,主打儿童体能训练。这种项目的打造,实际上就是实践性原则的应用。在传统的体育项目训练基础上融入了更多的体能训练、技巧训练和意志力训练。营造的活动氛围也更加安全、科学，通过造型不一等软制道具，为儿童在固定的空间内营造多变的游戏环境。

在实践过程中，幼儿园和社会各界的共同联动是非常重要的。社会性质的资源在很大程度上可以解决幼儿园场地不足的问题，在脱离了场地限制后，幼儿园可以举办一系列大型活动，甚至可以邀请家长共同参与。比如幼儿园可以和商业综合体进行合作，利用商业综合体天井的位置设计舞台，举办一系列对外教学活动。或者利用公园天然的地理环境，设计一系列带有闯关性质的游戏活动。这些活动的设计和执行，本质上就是一种带有实践性质的教学模式，需要幼儿园充分利用自身的资源和渠道，将教学活动的范围进行拓展，摆脱幼儿园场地束缚，既可以丰富适龄儿童的学习体验，又能培养儿童的胆量和机智。可以说，实践性原则就是要摆脱传统课堂教学固有的限制。因此，如何设计实践性教学活动，使整个活动模式更加吸引人才是教师需要深入研究的问题。换言之，具有足够挑战性的实践教学和拓展活动，才能有助于我国普惠性学前教育长效机制的规划。

### （三）实践性原则和立德树人理念的结合

立德树人理念是强化我国学前教育普惠发展长效机制构建最核心的学理审思，也是实践性原则最重要的侧重点。相比世界范围内的发达国家，我国居民消费水平仍然不算很高。国民在学前教育领域增加投入，就是为了让自己的子女后代能得到更高质量的教学资源。学前教育是人生接受教育的起点，也是孩子教育最重要的时间段。在立德树人的理念下，实践性原则的应用首先在于观念的认同。立德树人观念的普及，不仅需要幼儿园从管理者到教育者的全程参与，也需要通过对立德树人理念的推广使社会和家庭相信德育、美育能培养出真正优秀的孩子。

对于很多家长而言，学前教育就是义务教育的前置环节，很多家长都希望幼儿园教师可以增加文化课教学比例，让孩子在进入小学后，能更加顺利地适应。这种想法固然没错，却忽视了孩子本身的个人意愿以及德育工作开展的重要性。

学前教育阶段的立德树人，是为儿童指明一个前进的方向。对于这个阶段的孩子，就要遵循本性，做到顺其自然。在学前教育体系中，儿童可以不会写字，却不能不知道什么是善良，什么是正直。甚至孩子可以不会查数，但必须知道什么是热爱，什么是诚信。只有真正将立德树人的理念和实践原则相融合，才能为孩子打造一个更加美丽的教育起点，并通过这个起点让儿童了解世界的美丽和价值，形成对世界的憧憬和热爱。

德育教育工作的开展想要达到良好的实践效果，还需要拓展教育课题的辐射面积。比如立德树人教育工作首先需要围绕孩子的日常生活来进行，养成儿童良好的生活习惯，是实践性原则应用的基础。实际操作环节中，幼儿园需要整合家庭资源和社会资源，将立德树人教育和孩子的衣、食、住、行紧密连接，从良好的饮食习惯到吃饭时的一系列规矩，从自己动手刷碗洗筷到学会如何珍惜粮食。这种教育教学方式，可以通过主题活动的形式来开展，让每个孩子在学前教育阶段不仅可以学到知识，还能形成正确的价值观。其次，立德树人教学还需要教师队伍整体素质的提高。只有教师具备了更加高尚的品德，才能形成模范带头作用，影响孩子的日常行为。立德树人教育不仅要完善相应理念，更需要以润物细无声的形式在幼儿园日常教学活动中深入浅出。教师要学会将深刻的道理利用简单的教学方式进行讲述，让孩子能听懂并理解，否则立德树人理念和实践性原则就无法起到助力作用，也不能为普惠性学前教育的长效机制构建提供有价值的参考意见。

**（四）实践性原则和赏识教育**

新时代的学前教育理念变得越来越先进，也越来越开放，早就已经不是传统的灌输和一味的照本宣科能够满足的。尤其是在社会发展进入新时期后，各行各业对人才的需求更加强调个体之间的差异化。这种社会和市场的反馈，将会直接体现在学前教育阶段。在实践性原则的影响下，赏识教育代替"填鸭式"教育，成为不可或缺的高效方式。赏识教育，更加注重对儿童自我成长的鼓励和对儿童自主学习习惯的培养，其主要形式就是通过目标的设立以及孩子主观能动性的展现，给予正向评价和鼓励。通过赏识和鼓励的启发式教育培养儿童的学习兴趣，激发儿童的自主学习意愿。可以说，这种教育模式的根本在于培养儿童的自信心，如果孩子没有形成正确的自我认知，那么这种教育方式也很难开展。因此，幼儿教师需要和家长进行深入沟通，发现每个孩子的优点和长处，并通过一系列行之有效的引导，让孩子在自己擅长的领域进行发挥。可以说，这种教学原则和传统的木桶理论相违背，被称为新木桶理论，其内容表述了一只木桶能装多少水，并不由桶的短板所决定，反而是由桶的长板所决定。对于一个人来讲同样如此，在当前，我们提倡的素质教育和全面发展就是要优中选优，找到每个孩子的亮点，使其未来的人生能得到更好的发展。

**（五）实践性原则和教师的言传身教**

实践性原则的应用离不开言传身教，尤其是在学前教育阶段，教师的言传身教更是为儿童树立目标和榜样的关键渠道。在这一阶段，多数的儿童心理和智力都处于刚刚发育的状态，很多孩子对外部事物的认知仍然很模糊，甚至在幼小的心灵中有很多没有得到开解的事情，都会成为童年阴影。因此，幼儿园的实践性原则和学前教师的言传身教就变得更加重要。在孩子人生的起始阶段，需要由教师规划出一条清晰的界限，让孩子了解哪些行为可以得到鼓励，哪些行为必须禁止。教师也需要通过自身的行为为孩子树立榜样，让孩子在平时的学习和活动中耳濡目染，并不断加深印象，在其今后的人生道路上形成不可磨灭的印记。所以，幼儿园教师需要加强爱岗敬业的认知和重视自我价值的实现。不要求每个学前教师都能两袖清风，但也需要在孩子面前做到和光同尘。近年来，我国各地诸多学前教育事件，在社会层面形成了极为恶劣的影响，是由于学前教育体系本身有着极为独特的属性。幼儿园领导和教师需要正视相关问题，通过提高自我要求来迎接挑战，构筑学前教育事业的道德底线，通过自我约束确保此类事件不再发生。

### 五、可持续性原则

自 20 世纪 80 年代以来，可持续发展的理念已经在世界范围内广为传播。一经面世，可持续发展的理念就得到了国际社会的广泛共识，并在世界范围内进行了广泛尝试。和其他学段的教育工作相比，学前教育体系的可持续发展计划实施比较晚。再加上学前教育本身的差异化和特殊性，又导致该学段的可持续发展计划相对难以落实。时至今日，可持续发展理念和可持续性原则，在学前教育领域仍然可以被定义为一个较新的观点。

#### （一）可持续性原则的背景和意义

可持续性原则源自于可持续发展理念，学前教育的可持续性原则是可持续发展学前教育的重要组成部分。自从概念被提出，教育界就一直在积极讨论可持续发展观点对整个教育系统的完善和优化。而学前教育，被看作是促进可持续发展的关键节点和试验田。学前教育的可持续性，也受到了联合国教科文组织的重点关注，并发表了一系列重要文件，分别发布了儿童和青年参与可持续发展的活动，科学促进可持续发展理念，促进教育公众认识和培训行动。自 20 世纪 90 年代开始，联合国教科文组织就着手在全世界范围内，推进环境人口和可持续发展教育，希望通过全世界各国之间的相互合作，将重要议题进行有效联动，动员广大青年和全体社会成员共同投入改善地球环境、促进经济发展、保障社会稳定和谐的可持续发展之路。

虽然在 2002 年，约翰内斯堡会议上将可持续发展定义在社会层面、环境层面和经济层面，但也对可持续发展教育的重要性进行了肯定。同年，联合国大会又推出了联合国可持续发展教育 10 年计划，明确指出，所谓的可持续发展教育是面向每个人的，主要形式是要养成从幼儿到成年人的终身学习习惯。在其后的一段时间，又将范围扩大到了从幼儿到老年人。但即使联合国对可持续发展教育的课题足够重视，学前教育阶段在整个教育系统中，仍然没有得到足够的重视。甚至由于学前教育阶段新的特征，还有很多人认为，大搞可持续发展是没有意义的。最终导致我国学前教育发展已经赶不上可持续发展的实际需求，而学前教育也无法在可持续发展中发挥应有作用。直到2007年，国际社会才真正对幼儿可持续发展教育进行了专题研讨，使学前教育成为可持续发展社会的一部分。学前教育相比其他学段，可持续性原则的应用起步较晚，仍然不够成熟。

### （二）可持续原则与普惠学前教育存在的天然关系

只有了解了可持续原则与学前教育普惠发展存在的天然关系，才能明白其对普惠发展长效机制构建的重要影响。联合国提出的可持续发展教育10年国际实施计划中明确提出了，可持续发展教育具有跨学科性和整体性，通过价值驱动的教育方式和批判性思考模式解决更多问题。学生可以通过不同的方式进行参与和决策，提高自身的应用性和实践能力。因此，可持续发展教育并非一门简单的课程，而是通过对教学内容的重构，利用学校的课程帮助学生了解各门学科之间是如何与环境、经济社会等复杂问题相关联。可持续发展原则的应用，是为了培养更多以尊重为核心价值的教育体系，既要尊重当代人，也要尊重后代人，既要尊重差异性，也要包容多样性。同时，对物质和非物质文化也要保持尊重，比如尊重环境和尊重地球资源等，其本质是一种精神和文化的体现。

学前教育和其他学段的教育最大的不同在于教学内容不存在定式，随着时代的发展会呈现出整合性与广泛性，可选择的教学方法也灵活多样。尤其是儿童真实的生活经验和传统教学部分，更是可以深入挖掘，创造出更多具有新意的教学模式。

当前，世界上多数国家所采用的学前教育本身就是在本土知识的情况下进行，而往往这个本土知识的范围要比人们理解的更加具象化。比如很多非洲地区的学前教育中受教育的3~5岁儿童可能一生都生活在一个小村落里。这种学前教育很有可能是在家庭中完成的，而涉及的知识内容也仅限本土知识系统。相比，如果其他儿童接受的学前教育是在幼儿园内进行，这一部分儿童所接受的知识就相对正规，而且涵盖范围更广。但是学前教育本身的定义，就不能将这些在家中接受教育的儿童排除在外，否则就是在否定这些儿童在家庭和社区中接受的有关周围环境的自然教育和生态教育。这种教育虽然范围有限，但同样内容丰富。再比如，有些文化相对悠久的国家，还会强调在幼儿园课程中加强可持续性传统信仰的教学，包括热爱国家、热爱民族等内容，也是学前教育本土化特点的实施方式，对于可持续性原则的有效运用，使可持续性原则与普惠性学前教育发展的长效机制构建形成了天然的契合。一方面，学前教育需要重视教育理念的可持续性；另一方面，学前教育还要加强教学内容的可持续性，只有通过双管齐下的模式，才能在塑造儿童文化知识体系的同时，构建完整的精神文明传承，丰富儿童真实的生活体验。

### （三）可持续性原则与自然环境紧密相连

中国当前的学前教育本身存在的问题在于教师对儿童认知发展的片面重视，导致在教学过程中，教师需要采用大量语言性的教学方式对教学内容进行讲述。这些内容包括一部分既定事实，但也包括教师自身的主观感受，并非儿童自身感悟得来，因此会和真正的自然环境产生一种隔离。简单来讲，儿童学习到的各种知识和教师自身的世界观、成长经历及生活环境有着紧密的关系，这种知识的传授本身就具有主观性。教师的知识和经验，又从何处得来？同样来自他们的教师。这就形成了一个逻辑悖论，当前，人们所掌握的知识并非真正从自然中来，也并非真正从生活中来，而是一种带有强烈主观意愿的知识的信息传递。这种做法实际上不但把教师的先前经验与日常生活以及自然环境进行了隔离，也从根本上背离了让儿童体验真实生活经验的初衷。

在可持续发展的原则下要转变这种现象，要将社会伦理和一系列价值问题放在教育的首位。既要强调以教师为代表的专家型知识，也要强调让儿童自我感悟的情境化知识，并通过知识的梳理尊重科学理性，结合本土文化进行幼儿教育。在这一原则下，幼儿园和教师需要更加重视儿童与自然世界之间的共生关系，摆正儿童作为人的位置，了解自己是整个自然界的一部分，强调人与自然的和谐共处，帮助儿童更好地梳理人与人之间的关系以及人与社会之间的关系。可持续性原则实际上是人类在快速发展的现代化社会中的觉醒，是本能的潜意识。而可持续性原则在学前教育中的应用，是人类回归基础和本真的一种有效策略，是我国普惠性教育开展的重要前提，也是其长效发展最核心的独特价值和传统。

**（四）可持续性原则和学前教育的独特功能**

根据巴西教育学家雷恩的理论，认为多数时候幼儿教育被简化为只具有学习方面的功能，而幼儿教育的其他功能未受到足够的重视。比如童年教育、家庭教育、性别教育等，这些兼顾教育和社会意义的教学内容，往往是其他教育体系很难涉猎的。因此，幼儿教育或者学前教育本身就具有多重功能。从教育层面来讲，幼儿教育可以提升幼儿学习和交流合作的能力，丰富幼儿的经验，增进幼儿的认知和理解，为幼儿的下一阶段学习奠定坚实基础。从社会层面来讲，幼儿教育是一个不断使社会化活动变得更加复杂的过程，帮助幼儿重新认知社区功能和家庭功能，使两者进行重合。幼儿教育的本质还是一种社交行为，可以让家庭作为独立的社会单元，形成有链接的网络，有助于促进社会和谐和性别平等，对于一个国家而言，同样是增强社会凝聚力的有效方式。这些独特的功能，是基于教育和社会相融合的宏观教育方式，作用于可持续发展社会的基础建设。虽然孩子才是接受教育的主体，但是通过这种社会属性的链接可以形成一种知识技能的共享，形成一种价值观的传递和公众参与的社会化活动。

在我国，多数家庭对于孩子的教育非常重视。也正是这种重视教育的价值观，使家长成了教育系统的参与者。孩子在学校接受教育，家长对教育工作保持持续性的关注，本身就是一种终身学习的形态，也可以将其囊括到可持续发展教育的范畴之内。从这一点来看，学前教育在我国的普惠发展本身就是可持续性教育理念的最好应用，并借助幼儿教育的功能建设一个可持续发展的社会。在宏观层面上，世界范围内的各国家经济水平和政治发展极度不平衡，造就了文化和价值的多样性，使可持续发展概念应用在不同领域会产生不同效果。在我国，要想强化学前教育普惠长效机制的构建，离不开可持续性原则的应用。

比如对部分农村贫困儿童来说，幼儿园为其提供温暖舒适的学习和住宿环境就是可持续发展；在拥挤的大城市，幼儿园为孩子提供亲近大自然的环境就是可持续发展；对父母双职工家庭，幼儿园为儿童营造更多的游戏机会，代替一部分父母的职能就是可持续发展；对于接受了太多碎片化信息的儿童，开展本土文化教育就是可持续发展。这种包容性和多样性，才是保障我国普惠学前教育能平稳发展，实现可持续增量的重要前提和保障。

# 第六章　强化学前教育普惠发展长效机制的体系建构

## 第一节　建构的重点、难点与切入点

### 一、重点：在实践中树立强化学前教育普惠发展理念

**（一）学前教育"贵族化"的弊端**

随着教育产业化的发展，私立幼儿园迅速崛起，满足社会学前教育需求的同时，也带来一系列管理问题，比如手续不全、质量堪忧和学费偏高等问题，其中手续不全、质量堪忧等问题，在教育管理部门的努力下，得到了一定程度的控制，但是学费偏高问题却在学前教育资源供需不平衡的催化下愈加严重，逐步导致学前教育"贵族化"，除学费"居高不下"外，还衍生出"教育不公平""特权幼儿园""高额捐资助学费"等问题。

1. 幼儿园学费偏高

在"贵族化"风气的助推下，幼儿园学费"稳居高位"，并不断上涨。且不说每年动辄几十万元的高端幼儿园，就连面向普通工薪阶层的普通幼儿园每年的学费也高达三四万元，除了学费外，还有生活费、餐饮费、物品管理费等，对一般家庭而言，这可是一大笔费用，在很大程度上，加重了家庭的经济负担。2020年9月，据《中国青年日报》在网上对1 009位学龄前儿童父母开展的一次民意测验显示：60.3%的孩子在选择上有困难，其中最大的问题就是"入园贵"。

2. 捐资助学费逐年攀升

在学前教育资源供需不平衡的大背景下,"贵族化"风气不仅催生出幼儿园的"高额学费",不少幼儿园还通过不同手段收取了捐资助学费,收费标准为每年几千元到几万元不等。事实上,捐资助学费最早源自公立幼儿园,是公立幼儿园为了规避僵化、陈旧的管理制度、补偿办学成本而设立的一种创收途径。捐资助学费名目一立,其额度便迅速上涨,成为幼儿园创收的重要渠道。一些小有名气的民办幼儿园随后跟进,利用学前教育供需不平衡的形势,大肆收取捐资助学费。虽然相关部门先后出台了治理措施,但一些幼儿园仍借助其各种名义变相地收取高额捐资助学费,而且有逐年增加的趋势。

3. 人为制造教育不公平

学前教育"贵族化"的发展风气导致幼儿教育两极分化,不仅在幼儿园系统中出现了"贵族园"和"平民园",而且还在同一幼儿园中出现了"贵族班"和"平民班"。"贵族园"和"贵族班"具有较好的教育设施、较强的师资力量、较小的班额,幼儿能受到较好的学前教育。"平民园"和"平民班"教学设施不完善、师资较弱、班额较大,有的甚至在进行违规办学,幼儿很难受到较为良好的教育。"贵族园"和"贵族班"收费较高,一般平民家庭望而却步,因此,只能选择办学条件较差的"平民园"和"平民班"。

**(二)学前教育普惠发展理念的树立**

1. 充分认识树牢普惠发展理念的重要意义

(1)对人民群众教育期待的迎合

学前教育是一个人一生中最初受教育的时期,对人一生的发展具有重要影响,为儿童提供高质量的学前教育,是人们最关心的教育期盼目标。然而,"贵族化"幼儿园的高收费让广大工薪阶层对其望而却步,"普通"幼儿园在实践中又很难满足广大人民群众对学前教育的质量要求。在这种情况下,既有质量又收费合理的普惠性学前教育便成为广大人民群众的期待。普惠发展理念的提出正是对广大人民群众期待的迎合,也是对广大工薪阶层教育呼唤的响应。

### （2）对学前教育普惠发展实践的引导

理念是行动的先导，学前教育普惠发展理念对学前教育的普惠性发展实践具有重要意义。长期以来，学前教育的发展呈现出两极分化的现象："贵族化"幼儿园办学条件较好，但其门槛较高，很难惠及广大工薪阶层的孩子；"普通"幼儿园覆盖面广，但其办学条件较差，很难满足广大人民群众对优质学前教育的需求。两极分化导致学前教育质量结构不均衡；优质学前教育规模较小，规模化的学前教育质量较差，不仅不能满足社会大众对学前教育的需要，而且不利于国家学前教育的长远发展。普惠发展理念为学前教育的长远、健康发展提供了方向和策略，有助于推动学前教育普惠发展的实践探索。

### 2.准确把握普惠发展理念的丰富内涵

普惠学前教育是面向全体幼儿的有质量的学前教育，普惠发展就是包容性的、高品质的发展。普惠发展具有普及性、惠民性、惠济性和优质性。

### （1）普及性

普及性是普惠发展的一个重要前提，也是普惠发展包容性的体现，只有先满足多数适龄幼儿的基本教育需求，才有可能为他们提供更为优质学前教育。对于学前教育的普惠发展来说，普及性包含两个层面的意思：一是机会充裕；二是便利可及。机会充裕是指学前教育供给充足、覆盖面广，每个适龄幼儿都有接受学前教育的机会。便利可及是指适龄幼儿接受学前教育的机会不是抽象的，他们都能以较低的成本读到幼儿园。具体来讲，每个适龄幼儿都能在家门口附近读到幼儿园或者幼儿园校车通到幼儿家门口附近。

### （2）惠民性

惠民性是普惠发展的目的性特征，主要体现在普惠发展的态度和立场上，它是指发展服务的对象是人民群众，是人民群众整体，而不是小部分人或其背后的资本集团。惠民性要求普惠发展做好价值和方向定位，具体到学前教育而言，就是要把满足人民群众日益增长的对优质学前教育的需求作为工作的出发点，并把人民群众的教育需求变化作为教育改革的重要参考依据。惠民性要求学前教育不能有行业本位、机构本位的错误思想，要把人民群众的教育需求放在首位，发展的目的是为了满足人民群众不断增长的幼儿教育需求，而非攫取高额行业利润。

（3）惠济性

惠济性是普惠发展的功能性特征，它是指发展能有效惠及社会公众，特别是社会弱势群体。社会公众是多种多样的庞大群体，服务这样一个庞大多样的群体有较大的技术难度，需要系统化设计、分层分类考量，对于不同的层次社会群体采取不同的策略，这样才能惠及广大人民。社会弱势群体由于占据的各类社会资源较少，导致其认知能力有限，在争取社会资源、参与社会竞争方面处于不利地位。惠济性要求普惠发展在广施雨露的基础上对他们给予特别的关照，让他们像其他社会成员一样享受到普惠发展政策的阳光雨露。

（4）优质性

优质性是普惠发展的品质性特征，是普惠发展"高品质"的体现，在学前教育的普惠发展中，优质性在形式上，体现在硬件和软件两个方面：硬件方面是指办学环境、教学设施、进餐设备、接送校车等；软件方面是指师资队伍、管理制度、教学模式、教育内容等。并非硬件越高端、越奢华办学效果就越好，硬件的设计要体现出教育的韵味和价值。事实上，在幼儿园的办学实践中，硬件和软件是相辅相成、不可分割的。硬件支撑软件的运作，软件的设计要恰如其分，能充分挖掘、利用硬件的价值，硬件和软件之间的搭配、组合、互动和协作水平是优质性精神内涵的重要体现。

**（三）全面运用普惠发展理念指导幼教实践**

普惠发展的内涵体现为普及性、惠民性、惠济性和优质性，运用普惠发展理念指导幼教实践应从如下四个方面入手：

1. 基于普惠发展的普及性扩大学前教育有效供给

普惠发展的普及性要求每个适龄幼儿都享有接受学前教育的权利和机会，这就要求学前教育系统应向社会提供足够充裕的学前教育机会。经过各级政府和全国教育工作者的共同努力，学前教育入学率大幅提升，以教育部公布的有关数据为依据，截至2022年，全国学前三年毛入园率达到了89.7%，其中，全国普惠性幼儿园在园幼儿的比例达到了89.55%。大大缓解了入园难、入园贵的问题，但距九年义务教育95.5%的巩固率还有一定差距。同时，一些普惠性民办幼儿园存在着保教费用偏高等问题，影响了低收入家庭适龄幼儿的入园率。基于这些认识，扩大学前教育有效地供给，应包含两个方面的含义：一是根据学前教育的供需态势适度扩大学前教育的学位供给；二是根据社会的承受能力适度降低学前教育的入学门槛，特别是经济实力门槛。

2. 基于普惠发展的惠民性确立学前教育机构经营定位

普惠发展的惠民性要求学前教育机构应确立经营定位：以惠民为主；以盈利为辅。在现实办学实践中，多数学前教育机构都恰当地处理好了"惠民"与"盈利"的关系，让人民群众切切实实地享受到了普惠发展政策带来的"恩惠"，但也有一些民办学前教育机构顶着"普惠园"的头衔千方百计地谋求暴利，导致保教费居高不下、教育质量令人担忧。为了保障普惠学前教育机构的惠民性，应确立学前教育机构经营定位，特别是要确立民办学前教育机构经营定位，对营利性机构和非营利性机构进行分类管理，让普惠性学前教育机构切实能体现惠民性。

3. 基于普惠发展的惠济性创新学前教育管理

普惠发展的惠济性要求调整学前教育管理措施和模式，真正让普惠学前教育惠及广大人民群众和适龄幼儿。按照普惠发展的理念要求，普惠学前教育要具有广泛的惠及性，让广大适龄幼儿都能接受到质量较高、费用合适的学前教育。然而，在现实实践中，不少适龄幼儿却很难享受到普惠学前教育的"恩惠"，这主要有两个原因：一是低收入家庭承担能力有限；二是部分民办学校的保教费偏高。为了增强普惠发展理念的惠济性，让普惠学前教育惠及到社会弱势群体，一方面应加强对社会弱势群体家庭的定向救济，增强其承担能力；另一方面应加强对民办教育机构的监管指导，限制保教费用过快的增长。

4. 基于普惠发展的优质性提升学前教育质量

普惠发展的优质性要求提升学前教育机构的办学质量。学前教育普惠发展政策实施以来，学前教育取得了突出的发展成就，大部分幼儿教育机构的办学质量都受到了人民群众的认可与肯定，但也有一部分民办幼儿园虽然顶着"普惠园"的头衔，由于受办学经验、师资水平、办学经费等因素的影响，办学质量着实令人担忧。为了增强普惠发展理念的优质性，提高学前教育整体质量，应对普惠性民办学前教育机构进行支持、监督和指导。政府相关部门应加强对普惠性民办幼儿园的政策支持和质量监督，关于学前教育的研究机构应加强对普惠性民办幼儿园的专业指导和师资援助。

## 二、难点：解决好强化学前教育普惠发展的动力问题

### （一）政治动力

"幼有所育"是一项重要的社会任务，我国的古圣先贤在对理想社会的描述中多次提到过这一任务。近代以来，这一任务受到政府的特别重视。1904年，清政府颁布第一个付诸实施的近代学制——癸卯学制专门设置了实施幼儿教育的"蒙养院"，学制四年，招收3～7岁幼儿。清朝灭亡后，民国政权虽几经更迭，各政权都比较重视学前教育工作，在各自的学制和教育政策中都做了专门的规定。

新中国成立以来，中央人民政府十分重视学前教育工作。1951年10月，发布的《中华人民共和国学制》中，有关学前教育的内容是："在进入小学之前，对3～7周岁的儿童进行教育，以促进他们的身体和心理健康发展。"1952年3月，颁布的《幼儿园暂行规程（草案）》中，对学前教育的内容是："要坚持教育为工人、农民、社会、经济各项指标发展服务的原则。同时人民政府采取了'废除旧中国的幼儿园考试招生制度''以产业为中心，以企业、机关、学校和城郊乡村为教育重点''取消干部子女幼儿园特殊待遇'等措施[①]，有力地提供了劳动人民的子女接受学前教育的机会。"

改革开放以来，伴随着社会的不断进步，人们对教育的要求也越来越高，

---

① 中国学前教育研究会.中华人民共和国幼儿教育重要文献汇编[M].北京：北京师范大学出版社，1999.

幼儿园已被列为"民生需求"之一。相比于早期，国家对幼儿园尤其是乡村幼儿园的发展给予了更多的重视。1979年，中共中央、国务院转发了《全国托幼工作会议纪要》，提出要"大力发展农忙托幼组织"。从1983年开始，教育部发布的《关于发展农村幼儿教育的几点意见》、1988年发布的《关于加强幼儿教育工作的意见》、1997年发布的《全国幼儿教育事业"九五"发展目标实施意见》，都对城乡学前教育进行了指导，对城乡学前教育的发展起到了积极推动作用。

新世纪以来，为了解决我国农村学前教育发展滞后的问题，国家提出大力发展农村学前教育。2003年，国务院发布《关于进一步加强农村教育工作的决定》，各地政府积极运用城乡学校布局调整所产生的剩余教育资源，新建和扩建学前教育机构，促进了我国农村学前教育的快速发展。2010年，《关于当前发展学前教育的若干意见》（"国十条"）中明确指出，"幼儿教育是一项重大的公益事业，发展幼儿教育要兼顾公益性和普惠性，着力构建覆盖城乡、布局合理的幼儿教育制度，确保各年龄段的幼儿都能获得优质的幼儿教育。"在这一政策的推动下，我国学前教育事业迅速发展，且学前教育的普惠性日益突出。

### （二）经济动力

经济因素也是学前教育发展的重要动力，只有经济发展到一定水平后，学前教育才会有质的发展，学前教育普惠性发展也是经济发展到一定水平才有可能出现的。学前教育发展到普惠阶段后，推动其继续发展的经济动力主要有三个：一是解放妇女劳动力的要求；二是经济发展的驱动；三是其他产业发展的需要。

#### 1. 解放妇女劳动力的要求

"男主外女主内"是我国农业社会的典型家庭模式，"相夫教子"是我国传统观念中"妻子"的主要角色。近代以来，随着西方资本主义思想的渗透和民族资本主义的发展，这些传统的模式和观念受到冲击。新中国成立后，百废待兴，需要大量的劳动力建设国家，同时，妇女的社会地位得到大大提高,"让广大妇女走出家庭参加生产劳动"成为时代发展的呼唤。在这样的背景下,学前教育受到社会各界的重视,1956年2月23日,由教育部、卫生部和内务部联合发布《关于托儿所、幼儿园几个问题的联合通知》,要求增加托儿所和幼儿园,以保障更多的妇女参加生产劳动及社会建设工作。基于这一考量,各单位纷纷建设自己的职工幼儿园,在很大程度上,解除了妇女参加生产劳动的后顾之忧,有力地支援了四化建设。改革开放后,随着经济的发展和城市化的推进,夫妻双职工成为社会主流的家庭模式。同时,随着社会的发展和教育的进步,人们不再满足于"只养不育"式的幼儿照护,社会对高质量学前教育的需求迅速扩大。鉴于学前教育的公共服务性质和社会贫富不均,"价格亲民、质量过硬"的普惠学前教育在政府政策的引导下迅速发展。

2. 经济发展的推动

改革开放后,学前教育事业的发展态势与经济发展的态势密切相关,这不仅是出于解放家庭劳动力的需要,而且与学前教育的经费投入增加密切相关。有关的调查结果显示:政府支持力度、人口结构、家庭对教育重视程度、社会发展水平和经济发展水平,都对我国学前教育发展具有明显的影响。只要经济发展起来,全国和全社会都能拥有财政基础,才能增加对学前教育事业的投入,改善幼儿园的办学条件。进入新世纪以后,我国的经济长期保持较快的增长度,人民群众的收入迅速增加,国家的财力基础日渐雄厚,学前教育事业也快速发展。

2010年11月21日,国务院颁布的《关于当前发展学前教育的若干意见》首次明确将学前教育置于国家发展战略和国计民生的高度予以阐释,并要求"发展学前教育,必须坚持公益性和普惠性"。此后,伴随着经济的迅速发展,国家加大了对学前教育的经费投入,人民群众的保教费承担能力不断增强,学前教育事业迅速发展,其中多数幼儿园是普惠性的。

2022年,全国共有幼儿园28.92万所。其中普惠性幼儿园24.57万所,普惠性幼儿园占全国幼儿园的比例为84.96%;2022年,全国共有在园幼儿4 627.55万人,其中普惠性幼儿园在园幼儿4 144.05万人,占全国在园幼儿的比例为89.55%。

3. 其他产业发展的需要

学前教育事业作为一种社会公共服务，其办学水平的高低在一定意义上影响着一个区域的社会公共服务质量。换句话说，一个区域社会公共服务的质量，在一定意义上，取决于学前教育办学水平的高低。这主要是因为学期教育可以为区域内相关产业的发展提供很难替代的区位竞争条件，一些区域为了改善营商环境、吸引投资，会开办一些高品质的幼儿园；一些具体的行业为了推进自身业务的发展，也会涉足学前教育。比如房地产业，不少楼盘为了推动商品房销售会在小区内开设幼儿园，甚至不计成本与区域内著名幼儿园合作在小区内开设"分园"。同时，随着生源竞争的加剧，不少民办小学为了提前"网罗"优秀生源、增加教育硬件的利用率，也会开办幼儿园。此外，一些大型幼教产品研发公司为了扩大社会影响力、提升产品的质量，也开始创办幼儿园。

### （三）教育动力

1. 管理水平的提高

在学前教育的普惠发展过程中，会受到各种因素的影响，各利益相关者也会对学前教育提出建议和要求，学前教育的管理者，为了回应这些利益相关者的诉求，会对管理目的和方式做出调整、变革以提升管理水平，更好地适应社会发展的需要。这些利益相关者包括教育管理部门、学生家长和学前教育研究机构等。

教育管理部门为了提高学前教育发展的计划性与目的性，会对辖区内学前教育资源进行统一的布局与规划，辖区内的幼儿园对教育行政部门的指令做出回应与调整，进而优化制度设计，提高管理质量。学生家长也是推动学前教育管理水平提高的重要因素，家长从孩子的健康成长出发会对幼儿园的安全措施、教育方式、教育手段等进行监督并提出意见和建议，幼儿园会根据家长的建议做出调整以提升家长的信任和满意度。

学前教育研究机构的学者，会对学前教育系统的运行和管理不断进行审视和反思，分析发现的问题并提出改进建议，并以研究机构的反映，反馈到教育行政部门和一线幼儿园，为幼儿园提升管理水平奠定认识基础。此外，在学前教育系统内部，不同幼儿园之间的相互学习、相互竞争、相互合作也会推动幼儿园管理水平的提高。

2. 师资素质的增强

师资是学前教育发展的一个基础性因素，师资水平在很大程度上，决定着学前教育的发展质量。学前教育进入普惠发展阶段后，师资水平的重要性更为凸显。事实上，在普惠幼儿园的办学实践中，其师资水平一般会不断提升，具体影响因素包括四个方面：一是教育行政部门的教师培养计划；二是教育督导部门的监督和指导；三是幼儿园组织的业务学习活动；四是幼儿教师自身的经验总结和专业反思。根据国家相关政策的要求，教育行政部门会定期组织公益性的教师培训，让幼儿教师便捷地接触同行能手和幼教专家，有助于开阔专业视野，提升专业认识，为提升教学能力和专业素养打下基础。

根据学前教育教学管理的相关要求，教育行政部门和幼儿园会对幼儿教师的课堂教学进行教学督导，教学督导包括教学监督和教学指导两个方面：教学监督有助于规范教师的教学行为、保障教学质量；教学指导有助于优化、改进教师的教学行为，提升教师的教学能力。根据幼儿园相关教研管理制度，幼儿园内部会组织集体备课、听课、评课、教学研讨等业务学习活动，新教师可以在业务学习中，提升业务素质。根据学前教育教师发展要求，新教师不仅要向老教师学习，还要在实践中作经验总结、在教案中做教学反思，这些工作对新手教师的成长具有重要意义。

3. 课程改革的深入

学前课程是学前教育的重要组成部分，是幼儿园教育内容的载体，在幼儿的生长和发展中起着举足轻重的作用。把课程视作其核心竞争力。学前教育进入普惠发展阶段后，学前课程发生了深入的变化。首先，学前教育的普惠性发展要求"价格亲民"，这就意味着保育费不能太高，不少地方的教育管理部门纷纷对幼儿园保育费额度做出限制，不少民办幼儿园的保育费收入迅速下降，进而，出现办学压力加大、教师外流的现象。

为了确保普惠学前教育的质量，教育行政部门加强了对普惠幼儿园的干预和指导，除加强财政补贴和质量监控外，还颁布了《3～6岁儿童学习与发展指南》，对幼儿园的课程内容和授课方式作了方向性的规定。同时，各省市纷纷出台学前教育管理规定，规定普惠性幼儿园必须是非营利性的。在这些政策的引导下，部分幼儿园基于"健康""语言""社会""科学""艺术"等五大发展领域就地取材，探索出了灵活多样的课程体系。随着生产技术的进步、教育理念的更新和信息技术的发展，幼儿园基于五大领域构建的课程体系不断改革、优化，使幼教课程品位和质量不断提升。

### 三、切入点：构建学前教育普惠发展持续运行的保障体系

学前教育普惠发展是在市场经济环境下的非市场化运作，其运作需要系统的外部保障。依据普惠学前教育的价值定位和资源依托，其运行的保障体系应包括经费保障机制、师资保障机制、质量保障机制。

#### （一）经费保障机制

学前教育经费是普惠学前教育发展的基本保障，其来源包括各方面：政府层面、社会层面和个人层面。《国务院关于当前发展学前教育的若干意见》发布后，普惠性学前教育迅速发展，公办学前教育蒸蒸日上，民办学前教育百花齐放，全国普惠性幼儿园在园幼儿占比快速提升。然而，随着普惠性学前教育事业的进步，其发展的环境发生了一些变化，其经费保障捉襟见肘，需要加大经费支持和学前教育普惠、持续发展的经费保障机制。

1. 学前教育普惠发展的经费问题

学前教育普惠发展的经费投入问题依据分担主体的不同可以分为三个方面：政府财政投入方面、社会力量参与方面、家庭教育成本分担方面。

（1）政府财政投入方面

政府财政投入方面的问题主要表现为投入规模偏小且成本分担比例偏低。

近 20 年来，我国的学前教育财政经费始终处于不足状态。2011 年，国家财政性学前教育经费占 GDP 的比重 0.09%，不但远低于欧美发达国家，而且还低于同时期的巴西（0.4%）、墨西哥（0.7%）等发展中国家。虽然政府的教育经费拨款逐年增加，但学前教育经费在教育总经费中的比例偏低。

2011 年，财政性学前教育经费占总财政教育经费的比重仅为 2.24%，而且这还是多年快速增长的结果。从教育系统内部来看，2013 年，幼儿生均财政性教育经费为 2 128 元，而同时期普通小学生、普通初中生的生均幼儿财政性教育经费分别为 6 902 元和 9 258 元，幼儿生均财政性教育经费仅为普通小学生、普通初中生的 30.83% 和 22.99%。此外，政府财政投入方面的问题还表现为对普惠性民办幼儿园的扶持力度不足、作为学前教育投入主体的县级财政吃紧等。

（2）社会力量参与方面

在参与中，社会资本参与的积极性不高，参与的力度不够。在推动普惠性学前教育的过程中，社会资本扮演着举足轻重的角色，其承担普惠性学前教育费用的方式有三种：一是征收教育附加；二是对幼儿园进行多种形式的捐助；三是为幼儿园提供了一份训练合约。各阶层缴纳的教育附加税，最后都以国家的资金分配的方式反映出来。因为各种类型的培训合约付款是分散的，所以，很难精确地计算，而且它们绝对量也很少，这里只从社会捐助方面来进行分析。我国幼儿园系统社会捐赠总经费从 2008 年的 1.52 亿元增长至 2020 年的 6.06 亿元，但其在学前教育经费总额中的比例却在逐年降低，2008 年，占比为 0.73%；2020 年，占比为 0.14%，社会力量分担的学前教育成本微乎其微。这说明我国尚未形成捐助学前教育的社会氛围，社会各界对学前教育系统捐助的积极性不高。

（3）家庭教育成本分担方面

家庭教育成本分担方面的问题主要表现为家庭分担比例过大，对于一些家庭来说，已经是较为沉重的负担，不符合学前教育准公共产品的属性，也违背了学前教育普惠发展的精神。2010 年，家庭分担学前教育成本的比例为

53.45%，达到历史最高水平，随着国家对学前教育事业投入的增加，家庭分担的比例有所下降，但到2020年，这一比例仍然高达36.14%，而这一时期普通小学、普通中学教育成本的家庭分担比例分别仅为5.16%、9.46%，即便是私人产品属性较强的高等教育，这一时期家庭分担的教育成本也仅占14.95%。

近年来，随着国民经济的持续、快速发展，人民的收入水平不断提高，到2020年，城镇居民人均可支配收入43 834元，农村居民人均可支配收入17 131元。而这一时期幼儿园生均学费为3 154元，占城镇居民人均可支配收入的7.19%，占农村居民人均可支配收入的18.4%，无论对于城镇居民还是农村居民这都是一个不小的比例，特别是对于低收入人群来说，这是一个不小的负担。

2. 学前教育普惠发展经费保障机制的完善

学前教育普惠发展是一种兼具惠民性和高质量的发展，这就意味着幼儿园要提供高质量的教育服务，但又不能完全按照市场逻辑进行经营，为了保障普惠学前教育的健康、持续发展，应采取措施完善其经费保障机制。

（1）加大政府对学前教育投入力度

与对义务教育、高等教育的投入相比，政府对学前教育的经费投入偏少，2020年，高等学校获得的国家财政性教育经费为8 911亿元，普通初中获得的国家财政性教育经费为8 550亿元，小学获得的国家财政性教育经费为13 693亿元，而学前教育获得的国家财政性教育经费仅为2 533亿元，占高等教育的28.4%，占小学教育的18.5%。政府对学前教育的投入偏低是由多种因素导致的，其中一个重要因素就是学前教育法律的缺失，在当下的国民教育体系中，高等教育有《中华人民共和国高等教育法》、义务教育有《中华人民共和国义务教育法》，而学前教育目前尚未出台单独的法律。目前，政府对学前教育经费投入主要依据一些政策和临时性的文件，这些政策文件只规定了对学前教育进行投入，至于投入多少，如何投入则未作具体规定，导致不少部门对学前教育的经费投入象征意义大于实际意义。增大学前教育经费投入另一个措施就是健全经费投入机制，目前，我国的学前教育经费拨付涉及的环节较多、程序比较复杂，在一定程度上，会影响贫困地区学前教育的发展。健全学前教育经费投入机制，要求以立法的形式建立学前教育经费的预算、决算制度。

（2）鼓励社会力量捐资助学

社会力量是办学经费的一个重要来源，但其对学前教育的资助力度明显偏少。2020年，我国高等学校获得的社会捐赠经费为60.81亿元，中学获得的社会捐赠经费为23.33亿元，小学获得的社会捐赠经费为16.04亿元，而学前教育获得的社会捐赠经费仅为6.06亿元。我国自古以来就有捐助学堂的传统，且有不少热心教育事业的实业家，捐资助学的社会基础较好，我们应鼓励社会力量捐助学前教育。具体可以从以下方面入手：一是宣传学前教育的重要性，通过媒体、社交平台等渠道宣传学前教育对孩子成长的重要作用，让公众认识到投资于学前教育是一项有意义的事情；二是开展有组织的公益活动，可以通过组织义卖、慈善演出、募捐活动等方式向公众募集资金，同时，向大家展示资金用途和效果，让大家参与到资助学前教育的公益事业中来；三是搜寻资源赞助，可以向政府和企业寻求资源赞助，比如获得场地、教具和人才等方面的支持，此外，还可以与其他公益组织合作，共同开展学前教育赞助项目；四是设立奖项鼓励行为，可以设立奖项表彰那些为学前教育做出卓越贡献的个人或团体，这既能激励大家参与进来，也能提高普惠学前教育的社会关注度。

（3）建立学前教育补助资金监督机制

在普惠学前教育发展进程中，普惠性民办幼儿园是一支重要的力量，为学前教育的普惠性发展做出了突出的贡献。普惠性民办幼儿园按照学前教育普惠性发展政策降低收费标准，政府则给予相应的财政补贴。然而，在实践中，不少地方并没有很好地执行补贴政策，补贴拖欠、额度不足等现象时有发生，严重影响学前教育的质量和普惠性民办园的发展。为了保证学前教育的质量、调动普惠性民办园的办学积极性，应针对学前教育补助资金落实情况建立督查机制，有效监督补助资金的落实。

首先，制定相关政策文件，包括明确补贴申请条件、执行标准、审批程序、拨付时限以及违规处罚等内容。其次，建立专门管理机构，负责资金的划拨、监管和督察工作，可以选择在教育局或者财政局设立专门的组织来承担这一职责。再次,建立信息公开渠道,让社会各界都能透明地了解到资金的到账及使用情况,主动接受社会公众和媒体的监督。最后,纳入教育督导,由上级教育督导部门定期对下级管理部门开展督查活动,督促补贴及时拨付。

(4)加强对低收入群体家庭的针对性救济

由于家庭的经济承担能力有限,这些孩子接受的"学前教育"大都不够理想,要么由家长带大直接上小学,要么在"三无"幼儿园接受简单、粗糙的学前教育,不利于孩子以后的成长。为了体现普惠学前教育的惠济性,对于这样的低收入群体家庭应加强针对性救济。

首先,明确救济对象,相关部门需要建立完备的低收入群体家庭档案,对低收入人口的基本情况、家庭成员、收入来源、困难程度和适龄幼儿情况等信息进行归档和管理。同时,还需要通过社区调查、公共服务等渠道获取更全面的信息。其次,制定救济政策,根据不同家庭贫困程度、困难程度和适龄幼儿教育需求,分别制定不同的救济政策,比如提供资金帮助、缴纳部分生活费用、提供公共服务设施等举措。最后,要加大执行力度,相关部门要实施严格的监督和管理,确保救济资金真正用于有幼儿教育需要的低收入家庭,并加强惩罚机制,防止滥用和腐败行为。

3. 师资保障机制

(1)普惠学前教育师资问题

①教师队伍结构不合理

首先,教师素质不高,学前教育教师应该具备专业的知识和技能,能适应幼儿的特殊需求,而有些幼儿园大都是无职称或初级职称的教师,甚至社会闲散人员充任,不仅学历偏低而且严重缺乏专业训练,根本无法胜任这一职业。其次,人员配备不足,有些地区或机构的学前教育班级规模大,但是却缺乏对应数量的合格教师,导致班级管理、教育质量等方面存在问题。最后,教师流动性大,由于工资待遇低或者其他原因,学前教育中的一部分教师经常流动或跳槽,在短时间内频繁更换教师不仅不利于教师队伍的稳定,也会给孩子心理上造成一定程度的困扰。

②教师薪酬待遇低

首先,薪资水平偏低,相较于其他行业,学前教育教师的收入一般较为有限,部分民办幼儿园教师收入甚至不足以支撑他们的生活需求。其次,福利待遇不足,不少学前教育教师是合同制人员,与编制内人员相比,在福利方面往往得到的待遇也相对较少,比如缺乏医保、公积金、职业年金等福利保障制度。再次,职业发展受限,由于薪酬待遇低,许多学前教育专业人才往往难以进一步提升自己的能力和职位,在职业上,会受到一定程度的限制。最后,工作内容繁重,由于收入水平较低,有些地区或机构可能会让学前教育教师承担过多额外工作,并且办公条件比较简陋。

③教师培训机制不完善

首先,培训课程内容陈旧、单一,许多学前教育教师培训的课程内容都比较陈旧单一,不仅不能反映学前教育的时代发展需求,而且缺乏多样性和针对性,基于这样的职业培训,学前教育教师在职业发展过程中,难以获得全面的知识储备和能力提升。其次,培训方式传统化,部分学前教育教师培训活动仍然采用面授、讲座等传统培训方式,与现代科技手段的普及和应用相比显得过于单一和落后。再次,学习资源不足,由于学前教育领域的学术研究相对较少,在开展学前教育教师培训过程中,往往会面临资料和资源匮乏的问题,影响着学前教育教师的专业成长。最后,培训机构数量有限,相对于其他职业,提供专业、高质量的学前教育教师培训机构数量较为有限,难以满足学前教育行业需求。

(2)普惠学前教育师资保障机制的完善

①完善师资招聘机制

教师招聘是教师进入教育系统的入口,提高学前教育师资水平、优化学前教育师资结构应从完善学前教育教师招聘机制入手。完善学前教育教师招聘机制包括明确岗位职责、确定任职标准、规范招聘程序等。

首先,明确岗位职责,岗位职责是工作任务的性质和特点对劳动者的任职要求,也是劳动者入职后必须要做的工作,因此必须明确具体,这样才能让应聘者了解工作性质,避免日后纠纷。用工方在招聘中明确岗位职责的方式有多种:

一是在招聘通知中标明可以直接公开的岗位职责要求；二是在招聘中向应聘者说明不便公开的岗位职责要求；三是在招聘结果确认前向应聘者讲明岗位职责的细节和"苛刻"之处。其次，确定任职标准，任职标准是工作任务的性质和特点对劳动者的素质要求，学前教育教师一般要具有关于幼儿身心发展的专业知识、与幼儿沟通的专业技能、促进幼儿发展的教育教学能力，此外，还要求教师具有一定的音乐和舞蹈基础等，不同幼儿园在招聘中对这些任职标准的侧重点各有不同，应在招聘通知和招聘考核内容中予以体现。最后，规范招聘程序，招聘程序的规范性关涉着招聘行为的公平性和有效性，直接影响着"选才"的质量。规范招聘程序要做到招聘信息公开透明、能力诊断客观公平、招聘流程依规合法。

②建立健全师资培训体系

职后培训是推动教师发展的重要方式，建立健全学前教育师资培训体系有助于快速提升幼儿教师的专业认知水平和教育教学能力，有利于学前教育教师队伍的稳定和教育教学质量的提高。一是要建立完善的课程体系，针对学前教育时代发展趋势和普惠性发展的要求建构、完善学前教育师资培训内容，并根据师资培训的要求和内容的逻辑结构组织这些内容，形成建立起科学、系统的师资培训课程体系，在内容上，要涵盖幼儿身心发展、教育方法与技能、幼儿保健、音乐舞蹈基础等方面的知识。二是要提供多元化的培训模式，除传统的现场授课模式外，应引入在线学习、研修班、名师工作室、名园长工作室等多种形式的培训方式，以突破时间限制、满足不同教师的学习需求，这对偏远、落后地区幼儿教师参与职业培训具有重要意义。三是加强师资队伍建设，招聘有经验的幼儿教育一线专业人员作为师资团队成员，并为他们提供资金支持、平台支持和资源支持，充分发挥其专业特长服务学前教育师资培训，推动幼儿教师专业能力的提升。四是定期对参训教师进行考核和评价，通过定期考核和评价机制，衡量教育培训质量和效果，并及时修正和改进培训计划，提高师资培训的针对性和科学性。五是建立行业标准和职业认证体系，教育管理部门可以携手培训机构制定相应行业标准和评估体系，评定符合条件的教师并颁发相应职业证书，提高教师绩效和职业荣誉感，激励教师职业素养提升的内驱力。

③构建教师工作激励机制

建立幼儿教师工作激励机制是学前教育管理制度建设的重要内容，对于学前教育管理水平的提升、教师队伍稳定、教师专业发展和教育质量提高都具有重要意义。建立幼儿教师工作激励机制涉及多个方面的措施，既有物质层面又有精神层面，不同层面的措施灵活组合、搭配得当才能发挥最好的激励作用。有效的激励机制要做到两个方面：一是激励依据合理明确；二是激励措施灵活多样。

构建教师工作激励机制在激励依据方面应建立科学合理的绩效考核制度，将教师绩效和幼儿的成长发展紧密结合起来，明确教师应完成的任务、职责和目标，依据考核结果实时激励，做到激励有据。构建教师工作激励机制在激励措施方面应做到手段多样、灵活组合，以发挥最优的激励作用。对幼儿教师的有效激励手段主要包括"薪酬福利"激励、"专业发展"激励和精神激励。

在"薪酬福利"激励方面，学前教育管理者应根据绩效考核结果进行薪酬和福利调整，有针对性地提高幼儿教师的薪酬福利待遇，确保幼儿教师获得应有的物质回报，让他们以积极饱满的热情投入未来的工作中去。在"专业发展"方面，学前教育管理者应为表现良好的幼儿教师提供持续的职业发展机会和广阔的职业发展空间，鼓励他们参加各类研讨会、培训课程等，推动其不断提升自身专业能力和知识水平，同时建立晋升途径，让更多有能力、有潜力的教师得以获得更好的职业发展机会。在精神激励方面，学前教育管理者应为幼儿教师创造安全、舒适、有趣的工作环境，让教师工作心情愉悦，同时，对教师出彩的表现给予及时、公正的肯定和赞扬，让教师感受到自己的辛勤工作得到了重视和认可。

4. 质量保障机制

（1）质量保障机制

①普惠学前教育质量问题

"高质量"是学前教育普惠发展的一个重要要求，然而，在学前教育普惠性发展取得重大成就的前提下，学前教育质量还是表现出一些问题，这些问题主要包括"教师队伍结构不合理""学期教育发展不均衡""优质普惠学前教育供给不足""学前教育课程有待优化"等，由于学前教育师资问题在前文已经讨论过，在此主要讨论其余问题。

②学前教育发展不均衡

我国学前教育发展的均衡化水平在不断提高，但从整体来看，还存在着城乡之间、区域之间、公办幼儿园和民办幼儿园之间的发展不均衡。在城乡发展差异方面，一些农村地区，由于教育资源相对匮乏，学前教育发展比较落后，学前教育机构数量不足、师资力量薄弱、设施设备落后，即便是低质量的学前教育，其普及程度也不及城市。

在区域发展差异方面，一些发达地区的学前教育资源相对较为丰富，学前教育机构不仅数量充足而且办学水平整体比较高，而一些经济欠发达、偏远地区的学前教育资源却相对匮乏，不仅学前教育机构数量不足，而且办学设施简陋、师资力量薄弱，办学效果堪忧。

在公办幼儿园和民办幼儿园发展差异方面，公办幼儿园通常获得政府的资金和政策支持，拥有更多的教育资源，教育教学设施较为先进，能延揽到大量有经验的优秀教师。民办幼儿园则通常依靠自身运营或私人捐赠等方式筹集经费，其资源相对匮乏，教育教学设施较为简陋，在招聘和留用教师方面存在较大的局限性。这些因素导致了公办幼儿园与民办幼儿园之间的发展不均衡，也影响了家长对教育资源的选择。学前教育发展的不均衡，阻碍了学前教育的高质量发展[①]。

③优质普惠学前教育供给不足

自 2010 年 11 月，国务院颁布《关于当前发展学前教育的若干意见》后，普惠性学前教育的覆盖率有了很大提高，但普惠性学前教育仍显不足。一是地域性学前教育供给不足，在一些农村地区和偏远地区，学前教育资源匮乏，缺

---

① 崔成前.高水平现代化视角下学前教育高质量发展的思考[J].唯实，2023（01）：62-64.

乏能提供高质量的学前教育服务的机构,不能满足当地适龄幼儿的教育需求;二是供求性学前教育供给不足,在一些城市或地区,由于人口整体密集度高,适龄幼儿偏多,学前教育机构数量不能满足需求,幼儿家长在寻找可靠的机构时难度加大;三是质量性学前教育供给不足,一些学前教育机构在教育理念、师资、设施和基础设备方面存在较大欠缺,无法提供适合孩子年龄特征和需要的教育内容和教育环境;四是价格性学前教育供给不足,一些地方政府对学前教育的普惠性、公益性认识不足,导致民办幼儿园的营利行为强化、保教费迅速攀升,一些家庭经济条件不够优越的孩子进入这些幼儿园的难度加大。

④学前教育课程有待优化

课程是教育内容和方式的最终体现,在很大程度上,代表着教育的质量和水平。我国的学前教育普惠性发展取得了很大的成就,但就部分幼儿园来说,问题主要体现在:一是对幼儿个性考虑不足,学前教育课程通常情况下都是以班级为单位统一安排的,而缺乏对不同孩子的个性化需求的考虑,对于一些具有特殊需求的孩子(比如发展迟缓、高智商等),他们可能无法得到针对性的训练和指导,让特殊儿童错失了早期的潜能开发机会;二是忽视实用能力的培养,学前教育应该注重培养孩子的综合素质和应用能力,但在实际操作中,有些学前教师只关注知识的传授,而忽视了培养孩子的创新思维、团队合作和沟通交流等实用能力,不利于孩子的未来发展;三是缺乏跨学科内容,多数学前教育课程受学科思维的影响,对课程内容划分得比较死板,缺乏跨科目的内容整合,在日常教学中,难以与现实生活中的问题联系起来,这会使孩子感到枯燥无味。此外,在课程实施过程中,还存在着教师讲解过于简单、忽视幼儿认知特点、家长参与不足等问题,这些问题都影响着课程实施的质量和教育的整体效果。

以上是学前教育课程常见不足之处,在实际操作中,可能还存在其他方面的问题。因此,在制定和实施学前教育课程时,应该更加注重对幼儿认知特点和个性化需求的考虑。

(2)普惠学前教育质量保障机制的完善

质量是教育的生命线。学前教育普惠发展中的质量问题必须采取系统措施加以管控和解决，才能更好地推进普惠学前教育快速、健康发展。

①加强调控，推进学前教育均衡发展

学前教育均衡发展有助于提高学前教育的整体质量，推进学前教育均衡发展需要加强对学前教育办学资源的宏观调控。一是加大投入，政府应加大对学前教育的经费投入，在加大对学前教育发展落后地区的经费支持的同时，建立完善的学前教育资助体系，确保贫困家庭和偏远地区孩子，能接受高质量的学前教育；二是加强资源整合，各级政府、社会组织等应加强资源整合，充分利用社会力量增加学前教育的资源供给，为落后地区学前教育发展注入更多发展动力；三是加强监管，对学前教育机构特别是民办学前教育机构进行严格管理和监督，确保其师资条件、办学设施、班级规模等符合相关规定和标准；四是推广优秀经验，在多元推进学前教育普惠发展过程中，要及时总结推广好的经验做法，扩大先进经验的应用范围，让各地的学前教育在实践中逐步形成适合本地特点的发展方式。

②多方参与，扩大优质学前教育供给

扩大优质学前教育供给，用"优质"学前教育替代"劣质"学前教育，也是提高整体学前教育质量的重要方式。扩大优质学前教育供给是一个复杂的问题，需要多方协作共同发力。一是增加学前教育经费投入，提高公共财政对学前教育的支出比重，为扩大优质学前教育供给打好经济基础；二是拓宽学前教育资源渠道，通过资源整合、跨部门合作等方式，拓宽学前教育资源渠道，争取更多教育资源，为扩大优质学前教育供给打好资源基础；三是提高民办幼儿园质量和数量，不拘一格发展优质的民办幼儿园，增加普惠性幼儿园的数量；四是加强师资队伍建设，加强幼儿园师资培训工作，有助于幼儿园办园水平，直接增加优质学前教育供给；五是推动家庭早期教育，通过家庭早期教育等方式，引导父母正确对待孩子的成长和发展，积极参与到孩子的学前教育中来，为提高学前教育质量尽心尽力。

总之，扩大普惠性学前教育供给，需要政府、社会组织和家庭共同发力，通过资金投入、资源整合、师资建设等多种方式实现。

③系统设计，优化学前教育课程体系

课程作为体现教育质量的关键因素，建设高质量课程就成为不断提升幼儿园教育质量的基本途径。[①]学前教育课程是一个系统，涉及课程资源、课程开发、课程内容等，优化对课程体系要从课程理念入手进行系统设计。一是基于资源优势开发课程，在学前教育阶段没有统一的课程标准和教学计划，同时全国各地的经济社会发展状况不尽相同，应鼓励各地幼儿园因地制宜，在国家相关政策和《3～6岁儿童学习与发展指南》的指导下，根据各地资源优势，开发适合幼儿成长与发展的课程；二是关注幼儿个体差异，每个幼儿都有自己的特点，学前教育机构应该通过有效的评估来了解幼儿的不同需要和发展水平，对于一些发展特别落后或超前的幼儿，应设计提高他们能力、发展特长的相应课程，以达到因材施教的目的；三是尊重幼儿认知特点，学前教育阶段的孩子以具体形象思维为主，对知识的把握离不开熟悉具体事物，学前教育课程的实施要基于丰富的教育道具，以游戏、活动的形式进行，不宜进行空洞的说教；四是探索家长参与课程，父母是孩子的第一任老师，对孩子的性格特点有更为深入的了解，家长参与课程的开发与实施不仅能促进家校资源共享，而且还能提高课程的针对性和有效性。

## 第二节　建构路径

### 一、政府与普惠园：供给侧长效机制建构

#### （一）投入机制

办好学前教育是推进教育现代化、建设教育强国的重要基础和战略要策。新时代办好学前教育，关键是要以完善普惠性学前教育保障机制为突破口，创新和优化发展路径，强化学前教育普惠发展的长效机制建设，以实现"幼有所

---

[①] 汪京莉.高质量发展战略指引下的园本课程建设[J].中国教育学刊，2022（10）：107.

育"的目标。当前，学前教育发展已经进入一个新阶段，国家要强化学前教育普惠发展的长效机制建设，就必须坚持"政府主导、社会参与、公办民办并举"的基本原则，完善法律政策体系和保障机制，构建多元主体协同治理格局。在此过程中，应重点做好四个方面的工作：一是进一步加大财政投入力度；二是完善成本分担机制；三是强化监督管理，确保办学质量；四是推进学前教育立法，为学前教育事业健康发展提供法律保障。

1. 政府投入

政府投入是学前教育经费的重要来源，在供给侧长效机制建构中，政府投入是推进学前教育普惠发展的基本保障。根据《中共中央国务院关于学前教育深化改革规范发展的若干意见》和《国家中长期教育改革和发展规划纲要（2010—2020年）》，加大政府投入是发展学前教育的重要保障。在我国，政府是学前教育投入的主体，具体来说，包括以下三个方面：

第一，各级政府要按照生均财政拨款标准保证学前教育经费投入。《中华人民共和国教育法》《中华人民共和国义务教育法》规定，"各级人民政府应当保障学前教育经费""国家财政性学前教育经费占同级财政性教育经费的比例一般不低于4%"。为确保财政投入，我国加大了对幼儿园的财政扶持力度。比如《中华人民共和国教育法》规定，"地方各级人民政府根据需要和财力可能，在财政预算中保证幼儿园教师工资福利和其他办学经费"。这就要求各级政府加大对学前教育经费投入，通过财政拨款、减免税费、购买服务、教师培训等方式增加幼儿园的办学经费，使学前教育经费预算达到合理水平。

第二，各级政府要以提供普惠性学位和教师队伍为重点加大对学前教育投入。从目前我国学前教育供给侧的实际情况来看，各级政府尤其是城镇地区政府普遍重视学前教育事业的发展，但在农村地区和农村人口密集地区由于人口流动频繁、基础设施落后、经济水平不高等原因，教育资源供给不足或供给结构不合理。因此，在落实和完善普惠性学前教育保障机制中，各级政府要加大对农村地区和农村人口密集地区的投入力度。具体而言，一方面，我们要从制订和实施普惠性私立幼儿园的认定标准与支持政策等方式，支持普惠性民办幼儿园发展；另一方面，要加大对农村地区和农村人口密集地区的投入力度。

第三，要在全国范围内形成长期稳定的资金投资体系。建立健全的政府投资制度，是促进幼教可持续发展的根本保证。

2. 社会投入

学前教育普惠发展是供给侧结构性改革的重要内容，社会力量是学前教育普惠发展的重要供给主体，有效地引导社会力量加大投入是构建普惠性学前教育发展长效机制的关键。对此，应从以下几方面入手：

第一，进一步落实政府在学前教育公共服务体系中的主导作用，加大对学前教育的财政投入力度。对此，要提高政府在学前教育领域中的财政投入水平，以保障学前公共服务体系建设的基本需求。一方面，要继续加大中央和地方财政对学前教育的投入力度，切实保障对普惠性民办幼儿园提供必要的办学条件；另一方面，要完善公办幼儿园生均拨款制度和非义务教育阶段学校生均经费标准，使公办幼儿园在经费投入方面与非普惠性民办幼儿园保持公平竞争。

第二，充分发挥市场机制在学前教育领域中的作用，要积极动员全社会的力量来支持幼儿教育的发展。要采取政府购买服务、减免租金和外派教师等形式，吸引更多的社会资本投资。充分发挥公办幼儿园在提供普惠性服务方面的引领作用，通过政府购买服务、减免租金、派驻公办教师等方式支持普惠性民办幼儿园发展。积极引导和支持社会力量参与到幼儿园办学活动中来。比如通过企业、基金会、公益组织等社会力量办园；支持企事业单位和集体办园；支持和引导民办幼儿园和普惠性民办幼儿园在准入审批、成本分担等方面进行改革创新；鼓励社会力量举办面向大众、收费较低的普惠性民办幼儿园。

第三，明确学前教育发展中各参与主体之间的权责关系，建立健全学前教育发展的责任分担机制。在政府投入为主的基础上，要让市场机制更好地分配幼儿教育资源。[1]一方面，要明确政府在学前教育发展中的职责和任务；另一方面，要健全幼儿园生均拨款制度和非义务教育阶段学校生均经费标准制度。

---

[1] 徐莹莹,王海英,刘静.普惠性学前教育：文化意蕴、现实遭遇与路径创新[J].当代教育论坛,2021（01）：10-18.

3. 个体投入

供给侧长效机制建设是对传统发展路径的创新，为新时代学前教育普惠发展提供了新思路、新方法和新动力。个体投入是构建供给侧长效机制的核心力量，其作用直接关系到学前教育普惠发展的最终成效。

首先，加大政府投入力度，坚持政府主导地位。近年来，各地政府越来越关注幼儿教育，并增加了资金投入，各级政府将学前教育作为重要民生工程持续推进。其次，通过引入和激励民间资金，构建多样化的幼儿园经营模式。应充分发挥政府、幼儿园、家庭和社会组织的合力作用，将社会力量纳入学前教育供给侧长效机制建设中来。政府在财政投入方面要继续向农村地区、贫困地区和民族地区倾斜，加快公办幼儿园建设步伐，建立健全多元办园格局。最后，着力推进学前教育社会个体制度改革，构建长效机制。应进一步完善学前教育财政投入体系，增强学前教育公共服务供给能力；健全政府购买服务制度，提高学前教育公共服务水平；建立健全幼儿园准入和退出机制，推进学前教育质量提升。

（二）管理机制

当前我国学前教育普惠发展面临的挑战主要包括政府职能转变不到位、制约学前教育普惠发展的重要因素尚未消除；财政投入不足，制约学前教育普惠发展的重要因素尚未消除；农村学前教育发展不充分，制约学前教育普惠发展的重要因素尚未消除。为有效推进学前教育普惠发展，应在厘清政府职责、完善财政投入机制、加大农村学前教育投入、构建城乡一体化发展体系等方面强化长效机制建设。学前教育是教育的基础，是教育事业发展的重点和难点。我国学前教育的发展经历了一个"先普及后提高"的过程。在20世纪80年代初，我国学前教育的普及水平与发达国家相比还存在很大差距，很多地区都没有建立幼儿园体系。经过40多年的发展，我国学前教育基本实现了普及。我国学前教育目前已经成为国民教育体系中不可缺少的一部分，并且在一定程度上承担着培养"未来公民"的重要任务。

虽然我国学前教育取得了巨大成就，但是总体发展水平仍然较低。与世界发达国家相比，我国学前教育还存在一定差距。我国已经成为世界上学前教育普及水平最高的国家之一，但距离教育强国还有较大差距。为全面建成小康社会和建设社会主义现代化强国，必须尽快地扭转学前教育发展滞后局面，大力发展普惠性幼儿园。这就需要政府切实履行好在学前教育发展中应尽的职责，做好学前教育的普惠性供给管理。

首先，明确政府职责。政府要在制度设计层面上保障学前教育普惠发展，即明确政府的职责与权力。在明确政府职责的基础上，在政策设计层面上，要进一步完善对普惠园的支持与保障。比如构建"保基本"的普惠标准与管理制度，提供经费保障；将普惠园认定标准、人员配备标准、业务经费标准和设备设施标准纳入到幼儿园建设、管理和评价考核体系中；进一步明确各级政府财政投入比例，提升政府对普惠园的支持力度等。其次，完善财政投入机制。财政投入是促进学前教育普惠发展的重要支撑和保障。在经费投入机制方面，要通过制定幼儿园财政投入标准、开展专项资金使用绩效评估等方式完善学前教育经费投入机制。此外，要通过制定优惠政策和激励措施等方式调动社会力量参与学前教育建设，并通过财政补贴、购买服务、减免租金、派驻教师等方式，完善政府对普惠园的财政支持机制。最后，加大农村学前教育投入力度。随着全面三孩生育政策的实施，农村地区幼儿园数量和幼儿教师数量将会有所增长，因此要加大对农村地区的学前教育投入力度。

**（三）激励机制**

根据联合国教科文组织发布的《教育统计手册》(第五版)显示，截至2015年，世界各国学前教育经费占GDP的比重在6%~7%之间，而我国仅为0.32%。因此，在大力发展公办幼儿园的同时，要保证农村地区学前教育的有效供给，在经费投入方面，要注重解决农村学前教育经费短缺问题。

首先，要从国家层面统筹规划城乡学前教育发展。针对农村地区学前教育投入不足、经费短缺等问题，要增加对幼儿园的投资比重，增加对幼儿园的投资，同时，要利用国家幼儿园的特殊补贴基金来保证农村幼儿园的有效供应。

其次，要加强对农村地区幼儿园建设的财政支持。三孩生育政策后农村人口的增长对幼儿园数量和教师数量需求增加的问题，要通过增加投入、加大补助力度等方式解决。

加强对民办幼儿园的扶持与监管。第一，完善财政支持政策。政府可以通过购买服务、项目补贴、以奖代补等方式，对民办幼儿园进行财政支持，并加强对私立幼儿园的监管，保证它的正常化，保障幼儿安全。第二，完善监督管理机制。建立健全学前教育督导评估制度，定期对民办幼儿园进行检查指导和专项督导；建立和完善民办幼儿园年检制度，将其纳入政府年度目标管理责任制考核内容；建立以办园水平为核心的分类督导评估制度，实施分类管理；建立健全民办幼儿园信息公开制度。第三，加强民办幼儿园收费管理。制定政府指导价标准，对不同等级的民办幼儿园实行不同的收费标准。第四，加大对违法办园行为的查处力度。对违反法律法规规定、不具备办园资质、无证或超范围办园、收费不规范等问题严重的民办幼儿园要依法进行查处和取缔，保障幼儿安全和合法权益。在建设方面，要全面计划大力发展乡村托儿所。同时，要加强幼儿园建设的质量管理，创建一套对幼教质量进行科学评价的方法，完善教师资格准入制度和考核机制，提升教师专业素养和业务水平。

最后，鼓励社会力量办园。社会力量办园是我国学前教育事业的重要组成部分，对促进学前教育普惠发展具有重要作用。在此方面，政府可以通过财政补贴、购买服务、减免租金、派驻教师等方式鼓励社会力量办园。同时，也要通过政策引导社会力量办园。比如，制定优惠政策和激励措施，鼓励和引导社会力量参与学前教育建设；加大政府购买服务力度，支持社会力量参与学前教育建设；完善幼儿园准入制度和考核机制，为社会力量办园提供政策支持和资金保障；建立幼儿园教师资格准入制度和考核机制等。此外，强化学前教育普惠发展的供给侧激励机制还包括加强师资队伍建设。要加强幼儿园教师培养培训工作，提高幼儿园教师职业素养和专业水平，同时还要加大对优秀幼儿教师的激励力度。

政府要加强对农村地区学前教育质量的评估与监测,确保农村地区幼儿园保教质量与安全。在幼儿园发展规划方面,政府要依据农村地区实际情况制定切实可行的规划方案,加大对幼儿园建设的指导力度。在质量评估方面,要完善幼儿园质量评估标准和考核体系,确保幼儿教师和幼儿家长的合法权益。学前教育具有公益性特点,因此,要加大对学前教育经费的投入。在经费投入机制方面,要进一步完善学前教育财政投入机制。比如根据当地经济水平和财政承受能力科学测算学前教育经费需求,制定与当地经济发展水平相适应的学前教育经费保障标准;加大对农村地区特别是贫困地区的财政转移支付力度;对普惠园园所建设、人员配备、业务经费、设备设施等方面给予财政支持;加强学前教育经费使用绩效评估与审计等。在教育科研方面,要发挥教育科研对幼儿园发展的支撑作用。比如通过开展课题研究、撰写研究报告、推广优秀案例等方式引导和促进幼儿园专业发展。

### (四)保障机制

针对当前我国学前教育普惠发展面临的挑战,强化学前教育普惠发展的长效保障机制建设,应在厘清政府职责、完善财政投入机制、加大农村学前教育投入、构建城乡一体化发展体系等方面强化长效保障机制建设。

*1. 厘清政府职责,明确政府在学前教育中的职责边界*

长期以来,我国学前教育的发展一直处于政府主导地位,幼儿园建设和发展主要由政府负责。随着经济社会的快速发展和城镇化进程加快,各级政府逐步将教育行政管理职能赋予教育行政部门。《中共中央国务院关于学前教育深化改革规范发展的若干意见》(以下简称《若干意见》)明确指出:"各级人民政府要将学前教育纳入公共服务体系,加大财政投入力度"。《国务院办公厅关于印发全国社会治安综合治理委员会总体方案的通知》也强调:"教育部门负责幼儿园安全管理,公安部门负责幼儿园周边治安管理"。因此,各级政府要明确各级政府在学前教育中的职责边界,切实保障各级政府在学前教育中的责任到位、履职尽责。根据《若干意见》的精神,各级政府应加强对幼儿园建设和发展规划、审批、监督和管理工作，制定和完善各项制度和标准，为实现学前教育普惠发展提供有力保障。

2. 完善财政投入机制，加大学前教育财政投入力度

从保障各级政府教育支出责任落实的角度看，《若干意见》明确指出："省级人民政府要制定并实施本行政区域学前教育经费保障规划""县级以上人民政府要按照以县为主、分级管理的原则，落实办园经费投入责任"。因此，各级政府要根据经济社会发展水平和财力状况制定合理的财政投入政策，并确保各项投入落实到位。在中央财政加大对中西部地区特别是农村地区学前教育投入的基础上，地方各级财政也应加大对普惠性幼儿园建设和发展的财政支持力度。比如陕西省政府规定："从2015年起，省级财政对普惠性幼儿园给予生均公用经费补助"；湖南省"从2016年起，省财政对普惠性民办幼儿园给予生均公用经费补助"等。

《若干意见》指出："各级政府要将农村地区纳入基本公共服务体系和财政保障范围""地方政府要统筹安排土地出让收益用于学前教育"。因此，各级政府应按照国家相关政策要求，积极支持和促进农村地区学前教育事业发展。一方面，要加大对农村地区的财政投入力度；另一方面，要进一步完善城乡学前教育资源布局和城乡一体化发展体系建设。《若干意见》还提出"地方各级政府要统筹安排土地出让收益用于学前教育"等举措，以促进城乡学前教育一体化发展。

### （五）改革机制

要想推动幼儿教育的包容性发展，就必须要继续深入地进行供给侧结构性改革，从供需侧和供给侧两个方面同时发力。

1. 要厘清政府职责，建立政府主导的多元治理机制

构建政府主导、多方参与、良性互动的治理体系，既需要政府充分发挥政策的引导作用，又需要政府与社会、市场等力量形成合力。应明确政府在学前教育普惠发展中的主导责任，明确政府在学前教育普惠发展中的主导作用，要

建立以政府为主导、多主体参与、多渠道供给、多方式管理的多元治理体系。建立多方参与机制，充分发挥多元主体力量，通过"购买服务、财政补贴、减免租金、派驻教师、培训教师"等多种方式，加大对普惠性幼儿园的支持力度①。要建立政府与社会力量良性互动机制。政府要充分发挥政策引导作用，鼓励社会力量参与学前教育事业发展，从而健全监督管理机制。

2. 完善财政投入机制，建立财政保障的长效投入机制

根据"十三五"期间国家财政性学前教育经费占教育总经费比例达到5%以上的要求，并不断提高财政支出结构中学前教育经费所占比例；要健全普惠性幼儿园生均公用经费制度和财政补贴制度，不断完善财政补助标准动态调整机制；要健全幼儿园教职工工资保障机制，通过提高教师待遇等方式稳定教师队伍；要完善普惠性幼儿园生均公用经费补助标准动态调整机制。

（1）加强普惠性幼儿园建设，实现学前教育"基本普及"

第一，加大政策支持力度，落实地方主体责任。一是加大中央和地方政府对学前教育的投入，逐步实现普惠性幼儿园生均公用经费标准全覆盖；二是明确地方政府对普惠性幼儿园的办园成本、质量监管等进行统筹管理；三是根据本行政区域内适龄儿童数量、分布状况及分布特点等因素，科学规划，合理布局，引导城镇小区配套幼儿园办成公办幼儿园或委托办成普惠性民办幼儿园。

第二，实施《农村幼儿园建设标准》，推进农村幼儿园建设。在全国范围内实施《农村幼儿园建设标准》，通过制定地方性法规或规范性文件，明确各级政府投入责任、支持标准等内容；根据经济社会发展状况、城镇化进程、学龄前人口变化趋势等因素，及时地对城市和农村的发展计划进行调整，把幼儿园的发展与农村的发展相结合，循序渐进地进行；要始终坚持公办和私立并存的办园制度，通过实施公办幼儿园移交、举办成公办幼儿园或委托办成普惠性民办幼儿园等方式，实现普惠性民办幼儿园全覆盖。

第三，创新投融资模式，增加学前教育投入。积极发挥政府在学前教育中

---

① 杨雅清,贾君君,宋德正.关于学前教育立法的几点思考[J].教育实践与研究（C）,2021(10): 18-20.

的主导作用，探索政府购买服务、生均公用经费补助、减免租金等方式支持普惠性民办幼儿园发展。建立健全普惠性民办园认定标准和扶持政策；完善公办园生均公用经费补助制度和普惠性民办幼儿园生均公用经费标准；鼓励企业、事业单位、街道、村集体和其他社会组织办园。

第四，完善成本分担机制，建立完善动态调整机制。根据区域经济社会发展状况和经济承受能力等因素，动态调整公办幼儿园生均公用经费标准和生均财政补助标准；完善普惠性民办幼儿园财政补助标准动态调整机制。加强对普惠性民办幼儿园收费的监管；落实并完善成本分担机制中财政补贴、减免租金等内容。

第五，完善办园质量评估体系建设。建立普惠性幼儿园动态准入和退出机制；加强普惠性幼儿园的内涵建设；完善对普惠性幼儿园的督导评估制度；规范管理非营利性民办幼儿园。

第六，健全质量监管体系建设。建立健全政府主导、有关部门参与的学前教育质量监管体系；建立学前教育质量监测制度；实行幼儿园质量认证制度。开展幼儿园保教质量专项督导评估。

（2）完善教育质量评估监督体系，提高学前教育质量

一是建立学前教育质量监测制度，根据实际情况对学前教育发展质量进行监测，为学前教育发展提供依据；二是建立学前教育质量评估制度，将幼儿园的教育教学、卫生保健、安全管理、家长满意度等作为评估的重要内容；三是建立对幼儿园的质量评估制度，对幼儿园办园行为和教育质量进行定期监测；四是建立对幼儿园保教人员的考核评价制度，将教师专业发展作为重要内容；五是建立教育教学与管理的监督机制，保障学前教育的公益性、普惠性。

要加强对普惠性幼儿园的监管，确保其健康可持续发展。完善投入保障机制，明确政府投入责任、监管责任，加强对普惠性民办幼儿园的监管。明确教育主管部门职责，完善监管体系建设，加强对幼儿园办园行为和教育教学活动的评估与监督；加强对普惠性民办幼儿园日常管理工作的评估与监督；加强对公办幼儿园及非营利性民办幼儿园的质量评估与监督；加强对普惠性民办幼儿园财

务管理工作的评估与监督。

（3）建立健全监督管理机制，确保学前教育"优质均衡"

建立学前教育质量评估体系。政府应建立健全学前教育质量评估体系，对幼儿园的保教水平、师资素质、经费投入、教育教学等方面进行客观评价，并将评价结果纳入学前教育督导评估和幼儿园办园水平考核范围。应将学前教育作为各级政府督导评估的重点，实行责任督学挂牌督导制度，以保证幼儿园办园质量。政府应健全幼儿园准入管理制度，加强对幼儿园办园条件、保育教育质量、安全卫生等方面的监管。强化政府监督管理责任，将学前教育发展纳入各级政府绩效考核范围，强化对政府发展学前教育的责任约束和问责，并将考核结果作为政府领导干部业绩评估、政绩考核的重要依据，促进学前教育健康发展。

### （六）创新机制

供给侧改革是针对传统经济发展模式弊端而提出的一种新经济发展战略，是新时代引领经济发展的重要手段。供给侧改革在产业层面，重点是提高生产效率、降低成本、创造新的供给；在企业和政府层面，重点是提高服务质量和水平。学前教育供给侧改革主要是解决当前学前教育领域存在的"数量不足、质量不高"等问题。

#### 1. 要准确把握学前教育改革发展的基本方向

按照党中央、国务院关于学前教育工作的决策部署，要始终坚持以人民为中心的发展思想，统筹处理好政府和市场、公办和民办、发展和规范、改革和稳定等重要关系[1]。要坚持学前教育公益普惠的基本方向不动摇，大力发展普惠性幼儿园。同时，要根据经济社会发展实际需要和城乡居民需求变化情况，科学规划学前教育布局和建设，合理布局公办幼儿园、普惠性民办幼儿园，努力

---

[1] 杨婷，吴遵民. 终身教育背景下学前教育发展的路径与机制——读《中华人民共和国学前教育法（草案）》[J]. 现代远距离教育，2020（05）：18-25.

满足人民群众接受优质学前教育的需求[①]。

2. 要以需求为导向强化普惠性幼儿园建设

普惠性幼儿园是指面向大众提供普惠服务的幼儿园。当前，我国普惠性幼儿园数量不足、质量不高问题突出。为解决这一问题，要做好顶层设计工作。政府要从"管理"转向"治理"，从"发展"转向"保障"。对公办幼儿园和普惠性民办幼儿园进行全面调查摸底、建立档案等基础工作。加强普惠园建设的经费保障，学前教育经费应主要用于对公办幼儿园和普惠性民办幼儿园的支持与保障，使其能提供普惠性幼儿园所需要的基本条件与设施设备。

3. 要采取各种措施，增加幼儿园的普惠性教育

一是支持企业和社会力量兴办公办幼儿园；二是以公益事业为主体，大力发展民办幼儿园的公益事业；三是通过政府购买服务，综合奖补，减免租金，派驻公办教师，进行师资培训，扶持公办幼儿园的发展；四是支持发展乡村地区的普惠性民办幼儿园；五是以"网络＋教育"为手段，增加高质量的幼儿教育资源。政府应加速建立以政府为主导，以社会为主体，以公办和民办为主体的幼儿园制度，使幼儿园布局更加科学，以适应广大民众对幼儿园教育的多元化需要。鼓励各地通过购买服务、综合奖励、减免租金、派驻师资、开展师资培训等形式，大力扶持普惠性民办幼儿园的发展。构建多元化经营的治理体系，构建多元化经营的监督体系，健全多元化投资机制等。

当前，我国学前教育普惠发展面临着诸多挑战，必须采取有效的措施加以应对，才能保证学前教育事业健康、持续、科学的发展。学前教育普惠发展的核心是实现公益性与普惠性的统一，关键是要建立起科学合理的财政投入机制。为此，需要在明确各级政府职责和财政投入责任的基础上，进一步完善财政投入机制，并重点关注农村学前教育发展中的薄弱环节，加大对农村地区和贫困地区的财政支持力度，同时，继续完善对幼儿教师的政策保障措施，提升幼儿教师队伍整体素质。同时，要坚持城乡一体化发展，将学前教育纳入城乡一体

---

① 唐淑艳，龚向和. 学前教育立法中普惠性民办幼儿园的性质定位[J]. 湖南师范大学教育科学学报，2019，18（06）：26-31.

化发展体系。加快推进城市学前教育普惠发展进程；将农村学前教育纳入城市学前教育普惠发展进程；将城镇学前三年毛入园率纳入全国基础教育事业统计范围；加快完善城乡学前一体化发展体系。这样才能更好地发挥政府在推动学前教育普惠发展中的主导作用。

**二、弱势群体家庭：需求侧长效机制建构**

国内外的众多研究与实践均表明，学前教育作为国民教育的开端，对个体的全面健康发展、学校教育质量的提高、促进社会公平的发展、加快国民素养的整体提升、提高国家未来竞争力具有重要意义。

苏联教育家苏霍姆林斯基曾经说过："教育的成效是由两个方面共同作用所决定的。"只有在幼儿园与家长心意相通，信念一致，行动一致，孩子才能得到更好的发展。需求与供给达到平衡状态才是最优结构，供给方与接收方二者相互依存，当政府为人民提供的学前教育公共服务与幼儿园家长的需求达到最优动态平衡时，学前教育质量才能进一步真正的提高。因为起点低、基础薄、欠账多，所以在整个教育系统中，学前教育依然是最薄弱也是最需要重视的一个环节。特别是弱势群体家庭的学前教育需求无法被满足的问题仍十分突出。在当前普惠性学前教育发展新形势下，关注弱势群体家庭具有很强的必要性。增进民生福祉是国家发展的根本目的，保障弱势群体家庭的学前教育受教育权利是对人民正当利益与诉求的保证，从需求侧长效机制建构着手，关注弱势群体家庭在当前普惠性学前教育发展新形势下的信息获取机制、需求反馈机制、咨询服务机制、参与监督机制，为处境不利的学前弱势群体家庭提供多方面资源的支持，帮助他们在教育的起始阶段获得进一步优质的发展，进而促进教育公平的实现。

**（一）信息获取机制**

根据尤里·布朗芬布伦纳的生态系统理论，个体在整个社会生态系统中的发展会受到来自诸多方面因素的影响，这些因素往往包括家庭、社区、学校等不同的生活场所。人生活在环境中，与环境中的各要素间存在着密切的关系，会在互动中实现互相影响。基于这一观点以及学前教育界提倡的家园共育可以得出，儿童在整个受教育的过程中，并不是一个完全独立封闭的个体，而是和周围的环境保持着密切联系，其中家庭教育的影响尤为深刻长远。父母是孩子的第一个老师，弱势群体家庭的家长往往存在着信息获取方面的困难情况。具体表现为弱势群体家庭对普惠学前教育政策宣传的信息占有程度不高，许多弱势群体家庭的信息来源渠道主要是身边邻居、朋友的口头介绍，在整个内部形成的交流团体间存在着较强的封闭性，信息获取渠道闭塞。弱势群体家庭对于公共政策信息的获取主要是通过口耳相传的方式进行。这种信息传播方式存在着很强的不稳定性，并且在信息传播的过程中，有可能存在歪曲信息真实性的情况。

在"互联网+"大背景下，可以尝试进行学前教育信息化改革，改善弱势群体家庭获取信息不及时、不全面、不精准的困局。政府可以通过积极建设各种视听媒体，宣传国家普惠学前教育政策，建设当地教育部门新媒体网站、当地幼儿园联盟网站、幼儿园官方微信公众号等，促成弱势群体家庭有效地获取更多关于学前教育普惠政策的信息。此外，网络信息总是以单方面发布的形式来进行，受到年龄、学历、职业、收入等因素的影响，弱势群体家庭的家长普遍网络应用技能较弱，在获取信息时，往往伴随着诸多疑虑需要进行咨询确认。除了重视网络媒体的宣传建设外，还要多进行面对面的互动交流。引导家长积极参与和正确参与普惠性学前教育的宣传工作，为弱势群体家庭中的幼儿提供有力且有效的支持。

### （二）需求反馈机制

近年来，普惠性学前教育受到了高度重视，国家出台了一系列学前教育政策法规，以此促进普惠性学前教育的发展。但由于我国学前教育整体基础较为薄弱，学前教育整体的保教质量发展不平衡、不充分，弱势群体家庭对学前教育的保教支持措施有着更为迫切的期待和需求。家长对于学前教育的期待，从"有园可入，就近入园"转变为追求"入好园"，普惠学前教育提供的服务与家长需求间的矛盾需要进一步解决。

弱势群体家庭的家长对不同年龄段幼儿的保育教育需求存在差异，年龄越小的孩子对于保育质量的要求更高。比如幼儿良好生活习惯的养成、一日饮食的营养健康、安全知识的掌握、知道自我保护等，对于年纪较小的幼儿而言，形成初步的自理能力更为重要。此外，由于受到传统的教育思想影响以及个人观念的影响，弱势群体家庭对于年龄较大的幼儿在习得知识、认字写字、识数算数方面存在着较高期待，家长认为在幼儿园开展学习拼音、写字、算数的活动很有必要。

家长希望幼儿能在三年的幼儿园生活中获得更多的知识技能，以便更好地适应未来的小学学习生活。由于自身经济条件的限制，家长期望幼儿园能组织开展更多的艺术活动、开设更多的艺术特色课程，培养发展幼儿的艺术特长。游戏是幼儿园的基本活动，2022年，教育部将学前教育宣传月的主题定为"幼小衔接，我们在行动"，政府部门需要用更多的宣传和时间形成各级联动宣传主体，深入幼儿园、社区、乡村、家庭，将游戏活动理念深入社会大众的头脑，引导家长尊重幼儿身心发展的规律，树立科学正确的儿童观。

《幼儿园工作规程》总则第三条提出，幼儿园的任务包括向幼儿家长提供科学的育儿指导。幼儿的健康成长需要合力支持，弱势家庭群体期待幼儿园以及幼儿园教师给予更多线下家园共育方面的支持。比如通过家园联系栏、家园共育、亲子活动等多种形式的活动提供更多支持。幼儿园是提供保育与教育服务的机构，弱势群体家庭对于幼儿园提供接送服务也存在着更完善的需求，政府可以支持幼儿园根据本地弱势群体家庭的实际特殊需求，提供更为人性化、合理化的幼儿上下园接送服务。弱势群体家庭受到自身经济条件的限制，对于教育费用的支持颇为关注，尽管政府在教育财政上做出了许多实际支持措施，但对比其他学段的教育投入，家庭仍要承担较多的教育成本。公开教育费用的支出以及幼儿一日生活各项费用的明细，可以让家长更放心地把孩子送到幼儿园，让更多弱势群体家庭享受到价格低质量高的保育教育服务，摆脱消极的"贫困循环"。

### （三）咨询服务机制

家庭是一个最基础的单位，也是一个人一生中的第一所学校。好的家庭教育可以成就孩子的一生。但是在抚育幼儿成长的过程中，家长总会伴随着各种困惑，尤其是弱势群体家庭。

弱势群体家庭咨询服务内容主要围绕园所选择、入园条件、保教费用、伙食费用、幼儿园师资队伍质量、保教质量等方面展开。咨询服务的内容应具体明确，操作层面也应体现出专业性。在咨询服务中，首先，要让家长知道国家对幼儿园的各项政策规定。比如教育部《幼儿园工作规程》《幼儿园教育指导纲要》《3~6岁儿童学习与发展指南》等。其次，要让家长了解自己的孩子适合什么样的幼儿园，如何选择适合自己孩子的幼儿园，哪些幼儿园可以接受，哪些幼儿园不能接受。再次，要让家长知道孩子在幼儿园吃得好不好、玩得好不好，有没有必要给孩子增加营养等。最后，要让家长知道教师是怎样一群人，他们的师德如何，专业素养如何，他们对孩子是否有爱心、耐心等。弱势群体家庭咨询服务方式可以围绕家长开放日、问卷调查、电话热线咨询、家长心理咨询服务等方式结合优化展开。持续优化学前教育资源布局，积极扶持普惠性民办幼儿园，促进从"幼有所育"到"幼有优育"转变。

### （四）参与监督机制

2010年，国务院颁布《国务院关于当前发展学前教育的若干意见》，明确要求各省（区、市）以县为单位编制实施学前教育三年行动计划，得益于国家政策支持，落后地区幼儿园发展较为迅速，但从整体来看，落后地区学前教育质量发展仍然偏低，弱势群体家庭深受影响。家长参与幼儿教育是一项基本的权利和义务，研究表明，家长参与幼儿教育可以有效地促进幼儿的各种成就和适应能力的发展。除了以政府主导的教育行政人员、研究机构、幼儿园管理人员及教师等监督主体以外，家长也是重要的利益相关者和监督主体。加强对普惠学前教育各类幼儿园的督导与评估，是促进教育公平，推动学前教育质量发展的重要环节。

普惠性学前教育公共服务的主要受益方就是弱势群体家庭，除了教育部颁布的《幼儿园保育教育质量评估指南》以外，家长也可以在政府部门支持引导下构建监测指标、编制监测工具，深入幼儿园采集监测数据、以文字报告等形式公布监测结果，并将结果反馈到幼儿园及政府相关教育部门，进而，督促反推普惠性幼儿园改善提高办学质量。在推进普惠学前教育发展的过程中，弱势群体家庭是需要重点关注的对象，坚持以人民为中心，坚持以幼儿发展为本，积极推动弱势群体家庭参与普惠性学前教育质量评估体制机制的建设，通过家长参与督导评估，进一步促进教育公平，惠及弱势群体家庭。

教育是协奏，不是独奏。幼儿的健康成长和全面发展离不开多重主体的配合。人生百年、立于幼学。以公益性、公平性、优惠性为基础，关注需求侧长效机制建构，使普惠性幼儿园提供"有质量的教育"，守护所有幼儿的健康成长。

### 三、专家、公众、公司：第三方评估机制建构

学前教育普惠发展长效机制的体系建构是指政府通过制度设计，形成具有内在联系和高效运转的机制体系，保障学前教育发展的质量。要强化学前教育普惠发展的长效机制，需在制度层面建构多元主体参与下的第三方评估机制。本文通过分析第三方评估在学前教育普惠发展中的重要性，探讨了如何充分发挥专家、公众和公司三方力量来建立健全第三方评估机制，以期实现政府和公司等多元主体协同共治下的学前教育普惠发展长效机制。

#### （一）评估主体的确定

第三方评估是指独立于政府、教师、家长等之外的组织机构，在政府委托或授权下，对被评估对象的教育质量进行独立的、客观的评价。在国际上，第三方评估被广泛运用于教育政策与实践中。比如英国在《2016年公共服务评估报告》中就提出了"教育政策评估""公共服务评估"等概念；美国联邦政府

也推出了《国家质量发展报告》；澳大利亚通过《国家质量发展计划》建立起了第三方评估机构——澳大利亚教育质量改进协会，通过该机构对学前教育质量进行定期的评价。而在我国，第三方评估也日益受到重视，比如教育部相继颁布了《国家学前教育深化改革规范发展意见》《关于大力推进幼儿园与小学科学衔接的指导意见》等文件。

1. 专家：对学前教育质量进行专业的评估

学前教育的质量评估需要具备专业知识与能力的专家进行评估。首先，需要具备一定的学前教育专业知识。学前教育是一门专业知识体系庞大、内容庞杂的学科，涉及教育学、心理学、社会学等多个领域，对幼儿教师的培养也是一个复杂而庞大的工程，因此对于专家来说，他们不仅要具备教育学、心理学等专业知识，还要对学前教育中涉及的多个领域有一定的了解。其次，需要具备一定的专业能力。专家需要能准确地解读政策文件并提出具有建设性的建议，也需要具备一定的理论素养与研究能力。最后，还需要具有一定的实践经验。实践经验是专家最重要的资源和财富。专家需要有足够丰富的实践经验才能对学前教育质量进行客观准确的评估。

因此，要保证学前教育质量评估工作能顺利开展并取得良好效果，就必须发挥专家在学前教育质量评估中的作用。专家要与政府进行充分沟通与交流，在参与学前教育质量评估工作前，要与政府进行充分沟通与交流，了解政府在学前教育事业发展中对其所提出的具体要求以及政府对于学前教育质量评估工作中面临问题和困难时，所采取的措施与解决方案。专家是幼儿园教育质量评估工作中不可或缺的重要力量和宝贵资源，只有具备扎实专业知识背景和丰富实践经验的专家才能有效地开展学前教育质量评估工作，专家要能在学前教育质量评估工作中发挥其积极作用。

2. 公众：参与评估活动，提供意见反馈

公众作为学前教育的利益相关者，具有评估学前教育质量的天然优势。公众拥有广泛的信息来源，可以通过对幼儿发展数据的统计、分析了解到幼儿在各阶段的发展情况。公众参与评估活动还可以提高评估活动的质量与水平。比如在实施学前教育普及普惠发展工程评估项目中，公众作为利益相关者可以通过调查问卷、访谈等形式获取相关信息。在实施学前教育质量监测与诊断项目时，公众可以通过入园实地考察、参观幼儿园等形式对幼儿园的办学条件、师资队伍等方面进行调查，从而得出客观公正的评估结果。公众参与评估活动还可以对学前教育工作进行意见反馈。在实施学前教育质量监测与诊断项目中，公众可以通过问卷调查、访谈调查等形式了解幼儿园和教师的工作情况，从而对其教育教学质量进行客观公正的评价。此外，公众还可以通过媒体、网络等方式传播自己对学前教育事业发展的意见与建议。比如在学前教育普及普惠发展工程项目评估活动中，公众可以通过网络留言等方式表达自己对政府相关政策以及相关工作的看法与建议。

3. 公司：从学前教育服务的提供者角度参与评估

学前教育的基本属性是公益性，其提供的服务对象是所有适龄儿童。因此，对学前教育服务的质量进行评估时，应以所有的适龄儿童作为评估对象。但从现实情况来看，学前教育服务的提供者往往并不是最终的受评者，尤其是在普惠性园所和幼儿园中，真正的受评者往往是教师、家长和社区等。在进行幼儿园评估时，不能完全以受评者为对象，应将其与其他儿童同等对待，并将其视为评估主体。此外，在当前的幼儿园管理体制下，幼儿家长作为学前教育服务的最终用户并不能有效地参与到对幼儿园的评估中来。从理论上说，也应当将幼儿家长作为幼儿园评估的主体之一。

在我国学前教育体系中，公办园和普惠性民办幼儿园都是提供学前教育服务的主体，但公办幼儿园与普惠性民办幼儿园在体制上，又存在着本质区别。可以在不改变当前体制框架的前提下，将公办幼儿园和普惠性民办幼儿园作为评估主体之一。根据《幼儿园管理条例》规定："教育行政部门和其他有关部门、机构开展对幼儿园工作的综合督导、检查时应将幼儿园作为重点对象。定期对幼儿园办园条件、保育教育、安全卫生保健、教职工队伍等进行检查评估。"因此，在政府相关部门对公办幼儿园和普惠性民办幼儿园进行评估时，可以将其作为评估主体之一。虽然这类园所是由政府部门举办的事业单位，但在《中共中央国务院关于学前教育深化改革规范发展的若干意见》中明确指出要"鼓励社会力量进入学前教育"①。因此，可以将其作为评估主体之一，当然，也可以通过聘请专业机构或人员对其进行评估。

### （二）评估标准的制定

在政策制定过程中，参与学前教育质量评估的专家、公众和公司是三股重要力量。政府在制定相关政策时，需要考虑的是如何发挥三方的作用。专家可以为政策的制定提供重要参考，公众可以从社会的角度监督政策的落实，公司可以从利益相关者的角度出发，对政策进行评估，三者之间的互动作用对学前教育政策质量的提升起着重要作用。

在幼儿园质量评估方面，一套科学合理、可操作、有公信力的评估标准体系，有利于推进学前教育事业健康、可持续发展。这套评估标准体系包括办园条件、保育教育、教师队伍、安全卫生、内部管理等方面。

第一，办园条件方面，具体包括办园条件标准、幼儿园建筑规范等。这一部分主要是对幼儿园硬件设施进行评估，对硬件设施缺乏或不达标的幼儿园进行整改，从而提高幼儿园的办园质量。

第二，保育教育方面，具体包括保育教育标准、幼儿教师素质标准等。这一部分主要是对保育教育工作进行评估，要求幼儿园重视幼儿教师队伍建设，提高保育教育质量。

第三，安全卫生方面，具体包括安全卫生标准、安全卫生管理制度等。这一部分主要是对幼儿园食品安全卫生进行评估，要求幼儿园建立严格的食品安全卫生制度和食品留样制度，定期检查幼儿园食堂设施设备等。在安全卫生方面，具体包括安全政策、消防设施建设要求、消防安全措施、消防设备检查记录表、门卫登记记录表、食堂餐具消毒记录表、保育员健康体检记录表等。这一部分主要是对幼儿人身安全进行评估，要求幼儿园建立严格的门卫登记记录表、幼

---

① 程晨，虞永平．我国学前教育质量研究的进展与趋向 [J]．中国教育科学（中英文），2020，3（05）：127-134．

儿健康体检记录表和保育员健康体检记录表等。

第四，教师队伍建设进行评估，要求幼儿园建立完善的教师培训制度，保证每位教师都能接受专业的学前教育培训，不断地提高其综合素质和专业能力。

第五，内部管理方面，具体包括内部管理制度、财务制度等。在财务方面包括财务标准、消防设施标准、保育教育标准等。

### （三）评估活动的实施

要实现学前教育普惠发展的长效机制，既需要政府在制度层面予以设计，也需要多方力量协同共治来实现。在政府主导下，通过第三方评估可以引导和鼓励社会力量参与学前教育发展，从而促进学前教育普惠发展的长效机制的形成。第三方评估主要有两种类型：一是政府委托类评估。政府委托第三方评估机构来对社会组织或个人提供的服务或产品进行评价、鉴定；二是自我评估类评估。由公众直接或间接地参与到对社会组织或个人提供的服务或产品进行评价、鉴定中来，实现对社会组织或个人提供的服务与产品进行评价、鉴定。第三方评估是通过专业人士来进行社会服务产品质量和服务水平的评价与鉴定，并提出改进建议和意见，从而实现社会组织或个人的价值和目的。

1. 政府主导：确立第三方评估的主导地位

在我国，政府是学前教育普惠发展的主导者，但是由于政府在学前教育普惠发展中所扮演的角色并非"全能"，因而在教育领域内存在着"缺位"和"越位"现象。"缺位"现象表现为政府过度介入学前教育事业，将自己的角色定位为学前教育发展的直接推动者、管理者和监督者，忽视了自己作为普通公民应有的权利，同时，也限制了社会力量参与学前教育事业。"越位"现象表现为政府既是教育公共产品的提供方，也是教育公共产品的需求方，忽视了作为公共产品消费者的公民对学前教育质量的诉求。由于在我国，无论是教育行政部门还是教育事业单位，都是以政府为主导来进行工作开展与推进的，而这些政府部门在进行学前教育质量评估时，往往都采用"一刀切"的方式进行，没有充分发挥好自身在教育领域内作为普通公民应有的权利。因此，要想让政府主导下的第三方评估发挥其应有作用，就必须由政府在学前教育领域内主导起来，明确自身在学前教育发展中所扮演的角色以及应发挥的作用。政府作为主导者，将更多的从宏观层面来进行学前教育发展规划、实施以及监管工作。

2. 专家指导：提供评估专业支持

为保证第三方评估的专业性，可以成立独立的第三方评估机构，并聘请专业的评估人员，组成专业的第三方评估机构。同时，为了保证评估机构能独立开展评估活动，还需要有一套严格、完善的法律制度作为保障。要明确评估主体及其行为规范。在委托第三方评估机构开展第三方评估活动时，政府应该对委托第三方机构进行资质审查，确保其具有专业的评估人员和严谨、科学的评估程序，并且建立有效的监督机制。在进行第三方评估时，要建立有效的监督机制，以确保第三方评估活动的独立性和公正性[①]。同时，要加强对第三方评估机构专业人员的培训与监督。在对第三方机构进行专业人员培训时，政府可以委托第三方机构开展相关培训活动，通过理论学习和实践操作相结合的方式来提高专业人员的实践能力，制定严格、科学、规范的评价标准和指标体系。政府在对第三方机构进行监督时要制定严格、科学、规范的评价标准和指标体系，包括具体的指标、权重和分值等。

3. 公众参与：保障评估的有效性

由于学前教育评估活动涉及千家万户，对广大幼儿家庭的利益影响非常大。因此，保障学前教育评估的有效性，既要通过专家、社会组织或个人的评估，又要充分发挥广大群众的作用。对于公众参与而言，需要明确以下三个方面的问题：第一，公众参与应该具有一定的前提条件。即公众参与需要以科学的理论为指导，基于对评估活动全过程的了解而做出合理的判断和选择；第二，公众参与应该具有一定的广泛性。即公众参与应涵盖社会各阶层和群体，应覆盖各年龄层次和不同文化背景的群体；第三，公众参与应该具有一定的针对性。即公众参与应该针对不同地区、不同阶层和不同文化背景下的群体开展。从具

---

① 曹晶. 基于一般性信任理论的高等教育第三方评估组织公信力构建[J]. 中国高教研究，2020（11）：43-48.

体实践来看，在实施第三方评估活动中，可以采取以下几种方式：一是由政府委托专业第三方评估机构开展；二是由专业第三方评估机构聘请相关专家及社会各界人士作为第三方评估机构成员；三是由专业第三方评估机构委托具有相关资质的社会组织或个人开展评估活动。

4. 公司参与：引入市场竞争机制

随着社会的不断发展，市场竞争机制不断成熟，公司参与到学前教育领域中来也是一种必然趋势。公司参与到学前教育领域中来，可以有效地降低政府的财政支出，也可以减少政府对学前教育的干预和控制。同时，公司参与到学前教育领域中来，可以引进市场竞争机制，促进学前教育资源的优化配置。以美国为例，美国有不少公立幼儿园是由私人企业创办的，政府可以通过购买服务、税收减免等方式支持公立幼儿园发展。比如在纽约就有这样一个案例：纽约市政府为一所幼儿园提供了210万美元的财政资助，这些资金被用于购买新的设施、设备和装修等方面。在这个案例中，政府是在向私人企业购买服务的方式进行投资的。而在其他国家，比如英国、日本等国家也存在着类似的做法。英国政府为一所小学提供了330万英镑（约合472万美元）的资金来装修校舍、购买教学设备等；日本也规定了学校可以获得政府财政补贴。但实际上，这些补贴只占到学校经费总额的很小一部分。政府通过购买服务、税收减免等方式向私人企业提供资金支持和政策优惠，其主要目的在于通过这种方式来降低政府财政支出负担。在学前教育领域中引入市场竞争机制，可以让市场在学前教育领域中发挥决定性作用，从而充分调动市场和社会力量参与到学前教育领域中来，促进学前教育资源的优化配置和学前教育质量的提高。

（四）评估结果的公布

评估结果的公布是指国家教育行政部门对第三方评估结果进行公开发布，这是学前教育普惠发展长效机制建设的重要环节。公布的方式主要包括：一是在政府门户网站上发布。在政府门户网站上发布第三方评估结果，可以使第三方评估结果得到广泛的社会关注，提高第三方评估的公信力，这不仅能让公众了解到更多信息,还能提高学前教育机构及其从业人员对自身服务质量的认识和重视程度;二是通过新闻发布会、新闻通报会等形式发布。在第三方评估结果公布后,可以通过新闻发布会、新闻通报会等形式,让政府相关部门与社会公众进行交流互动,让他们了解第三方评估的情况,让他们知道第三方评估在推动学前教育普惠发展中发挥着重要的作用;三是在教育系统内部进行公示。第三方评估结果由政府相关部门向社会公众公开发布,对接受评估的幼儿园给予适当奖励和表扬,并向社会公布受评估的幼儿园名单和基本情况,以此来营造良好的社会舆论氛围,激发幼儿家长参与到学前教育中来。

1. 要保障第三方评估机构的独立性

在当前学前教育领域中,一些幼儿园质量评估工作已经开始由第三方评估机构承担,但是,目前我国并没有关于第三方评估机构的专门法律法规,也没有明确的政府监管机制。为了保障第三方评估机构的独立性,促进其健康发展,要从以下几方面着手:第一,明确第三方评估机构的法律地位和职能定位。学前教育领域的第三方评估机构是独立于政府之外的第三方机构,其评估结果要保持独立性和公正性,不受政府和其他机构的影响;第二,完善相关法律法规制度建设。为保障第三方评估机构能有效开展工作,应尽快完善相关法律法规制度建设。比如在《中华人民共和国教育法》《中华人民共和国高等教育法》中明确规定了第三方评估机构开展教育质量评估工作所应遵循的原则;在《中华人民共和国民办教育促进法》《中华人民共和国学前教育法》等法律法规中明确规定了民办幼儿园开展质量评估工作应遵循的原则。通过完善相关法律法规制度建设,为第三方评估机构依法开展工作提供保障和支持,让其能有效地发挥自身优势和职能作用。

2. 要完善学前教育第三方评估机制

学前教育第三方评估机制的构建需要教育行政部门与专家、公众共同参与,为学前教育普惠发展提供更多的保障。因此,必须完善学前教育第三方评估机制,充分发挥专家、公众、公司等第三方主体的作用,以提高第三方评估机制的专业性和科学性。建立完善的评估指标体系,包括科学合理的评估指标体系和标准,全面且客观地反映学前教育质量,并设立专门机构负责评估工作。同时,加强学前教育第三方评估机构建设,明确学前教育第三方评估机构的职责、权利与义务;加强对第三方评估机构的管理和监督,提高第三方评估机构的独立性与专业性。建立科学合理的学前教育第三方评估制度,明确规定学前教育第三方评估机构的责任与义务、权利与义务以及奖惩措施等内容,并对其进行定期考核和监督。

**3. 要充分发挥幼儿园教师的专业作用**

幼儿园教师在推动学前教育普惠发展中起着重要的作用,他们是学前教育普惠发展的关键力量,同时也是第三方评估的重要力量。在我国,幼儿园教师的数量和质量都不能满足发展学前教育普惠事业的需要。同时,我国还存在幼儿园教师队伍整体素质不高、教师队伍建设有待加强等问题。因此,要充分发挥幼儿园教师在学前教育普惠发展中的专业作用。

第一,政府要重视幼儿园教师队伍建设,建立健全幼儿园教师培养培训体系。通过加强对幼儿教师的专业培训来提高其专业水平,培养一批高素质、专业化、创新型的学前教育师资队伍[1]。同时,政府还要建立健全幼儿园教师队伍建设机制,完善幼儿园教师工资福利待遇保障制度,以吸引和留住优秀的学前教育人才。

第二,在考核评价方面要增加幼儿园教师队伍建设权重。目前我国对幼儿园教师考核评价工作中还存在着重学历轻师德、重数量轻质量、重形式轻内容等问题。要改变这种现状,就必须要加大对学前教育机构及其从业人员进行考核评价的力度,完善评价标准和考核制度。

第三,要把提高幼儿园教师队伍的素质作为重中之重。加强对幼儿园教师专业知识、专业技能和专业价值观等方面的培训,使他们能适应现代化教育事业发展对学前教育师资队伍建设提出的新要求。同时,要不断优化学前教育师资队伍结构,使他们能适应未来学前教育事业发展对师资的需求。

**4. 要引导社会公众参与学前教育治理**

---

[1] 宋崔. 构建教师培养供给侧改革的新三驾马车[J]. 华东师范大学学报(教育科学版), 2018, 36 (04): 42-43.

引导社会公众参与学前教育治理，可以促进幼儿园办学的透明度，有利于促进政府与家长、社会之间的沟通，从而提高学前教育质量。引导社会公众参与学前教育治理。

（1）制定学前教育领域的相关法律法规

在制定相关法律法规时，需要综合考虑各方面因素，其中之一就是要充分考虑公众对学前教育领域的利益诉求。只有将公众利益和公共利益纳入立法中来，才能更好地满足公众对学前教育事业发展的需求。

（2）营造良好的社会舆论氛围

在引导社会公众参与学前教育治理时，除了要在政府门户网站上公布第三方评估结果外，还需要在幼儿园及其所在社区中营造良好的舆论氛围，让幼儿家长参与到学前教育治理中来。通过这种方式可以提高幼儿家长对第三方评估的认识，激发幼儿家长参与到学前教育治理中来，从而提高他们对幼儿园及其所在社区的归属感和认同感。

在政府主导的学前教育事业发展过程中，其主导作用的发挥离不开第三方评估的辅助作用。但随着学前教育事业的不断发展，传统的政府主导模式已不能适应当前学前教育发展的需要，特别是学前教育服务对象由"下"转"上"、学前教育质量监管由"被动"转向"主动"、学前教育需求主体由"单一"转向"多元"等新时代新要求，客观上要求政府把更多资源和精力从直接管理转移到服务引导上来，把更多资源和精力从具体事务中转移到提供高质量学前教育服务上来。因此，加强政府监管下的第三方评估机制建设，既是时代发展的必然要求，也是当前推进学前教育普惠发展的迫切需要。当然，学前教育普惠发展需要构建多元主体共同参与下的第三方评估机制，政府应鼓励并引导更多社会力量参与到第三方评估中来，形成政府、社会、市场等多元主体协同共治的新格局。总之，要充分发挥专家、公众和公司等多元主体的力量，建立健全第三方评估机制，以促进学前教育事业持续健康发展，实现政府主导下的多元化协同共治模式。

# 参考文献

[1] 何鲍钰娜.户外混龄游戏材料选择与投放存在的问题及策略研究[J].教育观察,2021,10(12):39-41.

[2] 徐艳贞,黄茂勇.我国普惠性学前教育政策的演进脉络与发展特征——基于2010—2019年相关政策文本的分析[J].教育探索,2020(08):25-30.

[3] 丁柏铨.习近平新时代中国特色社会主义思想的创新性与新闻舆论工作创新[J].编辑之友,2018(01):5-11.

[4] 徐艳贞,黄茂勇.我国普惠性学前教育政策的演进脉络与发展特征——基于2010—2019年相关政策文本的分析[J].教育探索,2020(08):25-30.

[5] 王青基.当前乡镇中心幼儿园存在的问题和对策[J].甘肃教育,2017(18):41.

[6] 姜勇,周榆.普惠性幼儿园指标体系构建——基于全国14省34806个样本数据的实证研究[J].学前教育研究,2020(11):58-74.

[7] 田景正,龙金林,周端云.新中国70年我国学前教育政策发展考察[J].贵州大学学报(社会科学版),2019,37(03):90-99.

[8] 佘宇,单大圣.努力发展普惠而有质量的学前教育[J].行政管理改革,2019(02):16-22.

[9] 杨晓萍,樊亚博.新时期我国普惠性学前教育研究的焦点与走向[J].教育与教学研究,2019,33(02):89-100.

[10] 侯凤芝."书香城市"背景下少儿阅读推广的"宁波样本"与提升策略研究[J].人文天下,2019(19):19-24.

［11］胡恒波.英国早期教育专业教师EYPS培训研究［D］.重庆：西南大学，2013.

［12］王士兰.知识经济时代的护理管理［J］.护理研究，2005（06）：549-550.

［13］王玉飞，李红霞.普惠性学前教育的内涵、特征及其实现路径——基于政策文本的解读［J］.大庆师范学院学报，2021，41（01）：112-120.

［14］樊晶.普惠性幼儿园教育质量提升困境及改进策略研究［J］.江苏第二师范学院学报，2021，37（04）：45-48.

［15］刘志辉.我国省级区域义务教育均衡的实证研究——基于2009—2015年的统计数据分析［J］.教学与管理，2018（09）：23-27.

［16］黄巨臣.学前教育专业本科培养方案比较研究——基于三所师范院校的文本实证分析［J］.教育与考试，2019（02）：79-84.

［17］罗向阳，姚聪莉.我国大学管理人员专业化发展：机理、约束及路径［J］.法学教育研究，2022，36（01）：322-341.

［18］薛强伟.改革开放以来我国社会主要矛盾演化的"变"与"不变"［J］.天水师范学院学报，2018，38（06）：5-10.

［19］张小珍.我国科技社团发展历程研究［J］.科技和产业，2018，18（03）：110-113.

［20］陈珊珊.我国社会组织法立法模式研究［D］.武汉：武汉大学，2018.

［21］曹溢.社会组织教育扶贫研究［D］.石家庄：河北师范大学，2019.

［22］李宏堡，丛孙舟，王颖，等.我国学前教育中长期发展目标体系及其模型建构［J］.幼儿教育，2018（30）：3-7+16.

［23］赵南.公办幼儿园的重新界定与区域发展策略——基于学前教育公共服务体系的视角［J］.湖南师范大学教育科学学报，2014，13（04）：108-114.

［24］李祥云，徐晓.重构我国学前教育财政制度：从社会福利转向公共服务［J］.教育导刊（下半月），2015（10）：94-95.

［25］马培高，马星.西部城市地区普惠性幼儿园发展状况调研报告——以重庆市江北区为例［J］.教育导刊（下半月），2015（09）：18-22.

［26］石丽君.我国普惠性学前教育研究共词分析［J］.开封文化艺术职业学院学报，2020，40（06）：181-184.

［27］王东.构建普惠性幼儿园成本合理分担机制［J］.教育科学，2017，33（03）：78-84.

［28］唐仁健.在中央农业广播电视学校联合办学领导小组会议上的讲话［J］.农民科技培训，2021（02）：4-8.

［29］刘晓晔，李叶兰.幼儿园儿童读物推荐的基本原则［J］.学前教育（幼教），2021（Z1）：8-11.

［30］吴遵民，黄欣，屈璐.我国学前教育立法的若干思考［J］.复旦教育论坛，2018，16（01）：35-41.

［31］王雅君，何显锡.我国普惠性民办幼儿园扶持政策分析——以15份政策文本为研究对象［J］.广东第二师范学院学报，2018，38（01）：5-11.

［32］庞丽娟.发展普惠性婴幼儿托育教育服务体系［J］.教育研究，2021，42（03）：16-19.

［33］秦治琳，李海鸥，张愉敏.中华人民共和国学前教育制度建设回顾与展望——以1949—2020年为例［J］.早期教育（教育科研），2020（12）：12-17.

［34］霍力岩，胡恒波，沙莉，等.普及、优质和均衡应是新时代学前教育发展的核心主题［J］.人民教育，2018（07）：31-36.

［35］陈宇红.普及普惠落实处 幼有优育脱贫帽［J］.山西教育（幼教），2021（06）：9-11.

［36］李音，任惠，杨晓萍.普惠性民办幼儿园学前儿童语言发展支持评价研究［J］.邵阳学院学报（社会科学版），2022，21（02）：100-105.

［37］李双辰，刘登科.新中国成立70年来我国民办学前教育政策演进的历程、逻辑及趋势［J］.当代教育理论与实践，2020，12（02）：1-7.

[38] 李瑛，朱昕旖，朱瑞琛，等."二孩"政策下民办幼儿园师资队伍建设的问题及对策——基于对巢湖市部分民办幼儿园的调查［J］.教育观察，2020，9（20）：68-70.

[39] 孟繁慧.学前教育事业改革发展的问题及对策研究——以黑龙江省为例［J］.早期教育（教育科研），2020（Z1）：24-28.

[40] 徐韶华.普惠金融的青海实践与思考［J］.青海金融，2018（08）：42-45.

[41] 郭琦，王国玲，沈玉宝.合肥地区学前教育专业男生缺失的原因及对策研究——以合肥幼儿师范高等专科学校为例［J］.安徽职业技术学院学报，2022，21（02）：79-83.